MÉTHODE DE COUPE

LE GUIDE DU TAILLEUR

NOUVELLE MÉTHODE

CRITIQUE, ANECDOTIQUE & PHILOSOPHIQUE

POUR APPRENDRE SEUL A COUPER

Par Adolphe DUBOIS

Rédacteur en chef du Journal le Progrès.

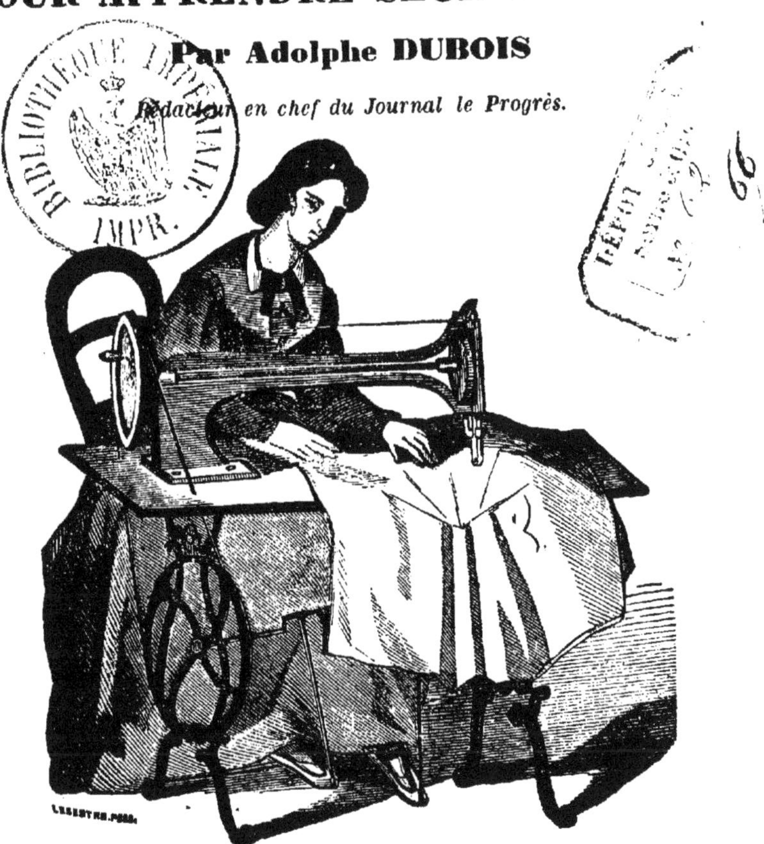

Machines à coudre de Brunswick et Cie

SE VEND AU BUREAU DU JOURNAL LE PROGRÈS

RUE DES PETITES-ÉCURIES, N° 19.

PARIS.

VERSAILLES. — IMPRIMERIE CERF, 59, RUE DU PLESSIS

AVANT-PROPOS

Un grand nombre de nos abonnés nous ayant manifesté le désir de posséder en volume la Méthode de coupe qui a paru dans *le Progrès*, nous nous sommes empressé d'accéder à leurs demandes, en réunissant tous les articles qui la composent en un corps d'ouvrage, c'est-à-dire en un joli volume, grand in-octavo, de deux cents pages environ, et tiré avec soin sur beau papier ; nous avons laissé figurer les articles critiques, satiriques et philosophiques qui précèdent chacune des leçons, pour tenir lieu, non-seulement d'enseignement utile, mais aussi pour mettre les jeunes tailleurs en garde contre le charlatanisme et la folie de quelques hommes dont la manie est de se poser comme les grands-prêtres de la coupe, lorsqu'ils n'en pourraient pas être même les sacristains.

Notre méthode, à nous, n'est point une œuvre d'art ; elle est tout simplement un travail consciencieux mis à la portée de toutes les intelligences à cause de sa facile exécution. Nous l'avons dépouillée de tous ces hochets d'une fausse science, et nous lui avons imprimé une marche graduée, claire, certaine et sans ambiguïté, que tout le monde peut comprendre et suivre sans aucun effort de combinaisons et sans études préliminaires ; notre expérience nous a démontré que la coupe ne se composait que de deux points fondamentaux : *l'aplomb* et la position de *l'emmanchure*, et, quant au reste du corsage, nous avons reconnu qu'il ne devait être que le produit des mesures, parce qu'appliquer les lignes aux mesures n'avait d'autre utilité que de fatiguer la mémoire sans résultat aucun. Or, en simplifiant nos lignes, nous avons tout naturellement simplifié la construction de nos dessins, de façon à laisser à l'élève son libre arbitre pour former le vêtement qu'il désire obtenir, attendu que rien n'est plus arbitraire que d'imposer son goût aux autres, ainsi que cela se fait journellement de la part de certains hommes de notre profession, qui s'imaginent avoir accompli les douze travaux d'Hercule lorsqu'ils ont produit un dessin mathématique aux courbes régulières, aux signes algébriques et aux démonstrations emphatiques, mais d'une application difficile et souvent impossible. Ces Messieurs appellent cela faire de l'art, et se drapent majestueusement dans leur science, qu'ils prennent dans leur orgueil pour le palladium du tailleur, tandis que cela n'en est que la difficulté et quelquefois la perte par les contradictions qui s'y rencontrent.

Ne vaut-il pas mieux faire la coupe, pure et simple, telle qu'elle est, plutôt que de la métamorphoser en art? ne vaut-il pas mieux ne dessiner que sa partie méthodique, afin que le coupeur, selon son goût ou celui de son client, puisse compléter librement son travail au moyen de ses seules mesures, sans qu'il soit forcé de suivre la fantaisie d'un professeur dont les idées ne sont presque jamais d'accord avec les siennes?

Si chaque âge a ses plaisirs, chaque âge a aussi son degré d'instruction et de connaissances en matière de travail. Or, lorsque l'on parle à des hommes, et surtout à des hommes du métier, il est superflu d'entrer dans des démonstrations mathématiques, et d'en employer les termes pour expliquer l'emmanchure et l'aplomb d'un vêtement que tous les tailleurs connaissent; quelques mots doivent suffire pour en faire comprendre la marche, sans avoir besoin de recourir à des expressions amphibologiques qui nuisent à la clarté de l'enseignement.

Soyons donc sincères dans l'appréciation de nos œuvres, et ne croyons pas avoir produit les sept merveilles du monde lorsque nous avons créé une Méthode. Nous n'avons fait que ce que tout autre ferait à notre place, et la preuve de ce que nous avançons, c'est que chaque tailleur, petit ou grand, s'est fait une méthode même en dehors de celle qu'il a apprise, afin d'avoir un point de départ qui assure la précision de sa coupe, soit au moyen de lignes ou de points combinés.

Nous ne faisons pas autrement que les tailleurs; seulement, la différence qui existe entre eux et nous autres professeurs, c'est que leurs œuvres ne servent qu'à eux seuls, tandis que les nôtres servent à tout le monde; pour cette raison, nous sommes forcés de leur donner plus de régularité dans la forme, plus de détails et de descriptions, une marche graduée, en un mot, le caractère, aussi étendu que possible, d'un enseignement pratique; nous devons surtout apporter la plus grande attention dans nos combinaisons, et les rendre aussi claires, aussi précises et aussi simples que la matière nous le permet, afin de les faire tourner au profit de tous, et d'en faire des objets d'utilité première.

L'amour-propre, dans tous les temps, a aveuglé les hommes, mais jamais autant qu'à notre époque; notre profession se fait principalement remarquer à cet endroit, car il n'y a pas un de ses membres qui n'ait la manie de se croire un artiste, et, partant, plus habile que son voisin que, souvent, il ne connaît pas. Pourquoi ce ridicule amour-propre? C'est que, depuis l'invention des professeurs, ces derniers n'ont cessé de crier par-dessus les toits, que la coupe était un art, que la couture était un art, que la prise des mesures était un art, etc., etc.; si bien que les tailleurs ont fini par croire qu'ils étaient tous artistes à des degrés plus ou moins élevés, bien entendu, et, par conséquent, ils ont changé les mots : *état de tailleur*, qui devaient très-certainement, après un pareil progrès, blesser leurs oreilles, contre ceux de : *profession de l'art du tailleur*, dénomination qui les flattait assurément, mais qui ne leur donnait pas plus de mérite pour cela, attendu que, pour tout le monde, les mots : *état de tailleur*, sont aussi honorables que ceux de : *profession de l'art du tailleur*, qui ne signifient rien pour le client, lequel ne voit toujours, dans l'homme qui l'habille, qu'un tailleur et non un artiste aux aspirations poétiques; car, en somme, rien n'est plus prosaïque pour lui, que la coupe d'un vêtement dans laquelle il n'aperçoit que les caprices d'une mode frivole et sans fixité, dont l'existence n'est qu'un mirage fugace.

En présence d'une mobilité semblable, qui n'a ni base ni point de départ, est-il possible de faire de la science, lorsqu'à chaque pas on est arrêté par le doute ou par des contradictions impossibles à résoudre? Et cependant nos grands maîtres persistent à vouloir en faire, et ils ne font rien que les choses ordinaires du métier; car LEURS GRANDEURS, comme les plus humbles de leurs *serviteurs*, ne parviennent à faire aller un vêtement qu'après l'avoir retouché plusieurs fois; il est donc inutile de se poser en redresseur des torts de l'humanité, pour arriver au même but que le commun des martyrs; laissons donc de côté cet orgueil, qui ne convient à personne, et ne nous faisons pas plus grands que nous ne sommes; tâchons de bien faire, c'est notre devoir comme c'est notre intérêt, mais ne nous élevons pas au-dessus de la sphère où Dieu nous a placés; soyons dignes envers les autres, envers nous-mêmes, et nous serons considérés; n'oublions pas surtout, que la modestie est le plus bel apanage de l'homme, parce qu'elle est sa force, sa puissance, et qu'elle le grandit aux yeux de la société; soyons nous-mêmes avant tout, et ne nous donnons pas de ces airs de savants, lorsque nous ne sommes que des travailleurs soumis aux caprices du premier individu qui nous paie; que le professeur sache que sa mission doit être toute de dévouement et d'abnégation, et qu'il ne perde jamais de vue que la rétribution qu'il reçoit de son élève est le prix d'un enseignement sérieux et moralisateur; qu'il doit s'attacher surtout, à en faire un honorable travailleur et non un rêveur qui sacrifiera position et avenir pour arriver aux utopies d'une science impossible, c'est-à-dire *faire de l'art;* qu'il sache aussi qu'il n'est que l'interprète de la coupe, et non pas le dispensateur; qu'il doit la traduire telle qu'elle est, sans la faire plus belle ni lui donner plus de valeur qu'elle n'en a; qu'il doit seulement se contenter d'indiquer sa marche et ses résultats le plus simplement, le plus clairement possible et sans ambiguïté, afin que l'élève puisse comprendre et profiter, en peu de temps, de son enseignement; surtout que le professeur se pénètre de cette grande vérité, qu'une méthode, quelle qu'elle soit, n'est point la coupe elle-même; qu'elle n'en est que l'indicateur; penser autrement serait de sa part confondre la coupe avec le coupeur, et ce serait un non-sens; car, si la première version est une vérité, la seconde est souvent un mensonge; aussi le professeur, s'il n'est point un *fanatique de l'art*, rendra-t-il cet indicateur non-seulement simple et facile, mais de la plus grande fidélité, en s'attachant à reproduire, au moyen de ses dessins, une coupe naturelle, la seule qui convienne à la conformation de l'homme, et qui s'éloigne le plus de cet art ridicule que quelques personnes ont voulu introduire si malencontreusement dans la coupe que l'on fait aujourd'hui.

Nous n'avons pas cru nécessaire de faire précéder notre Méthode de la manière de prendre les mesures, attendu que tous les tailleurs savent les prendre en plus ou moins grand nombre, voilà tout; mais la quantité n'y fait rien, puisque le résultat est toujours le même.

Au reste, nos mesures sont simples et très-peu nombreuses; le lecteur en trouvera la marche dans la description des premières leçons.

Pour ce qui est de nos dessins, au nombre de cinquante à soixante, ils sont gravés sur bois, avec grand soin, et de la plus exacte régularité; ils ne laissent absolument rien à désirer sous le triple rapport de la beauté, de la précision et de leur facile compréhension; en un mot, nous les avons dépouillés de tout clinquant de lignes, luxe toujours dangereux pour quiconque ne sait pas couper; nous espérons donc avoir atteint notre but, et avons la certitude que les tailleurs qui se serviront de notre Méthode, auront un guide sûr qui les conduira au but que tous se proposent, celui de bien faire!

AD. DUBOIS.

MÉTHODE DE COUPE

PREMIÈRE PARTIE

PREMIÈRE LEÇON*

Faire une méthode de coupe est la chose la plus ordinaire à notre époque; car il n'y a pas jusqu'au plus petit tailleur qui n'ait fait la sienne, ou qui n'ait envie de la faire. Mais ce qui embarrasse toujours, c'est de la rendre aussi facile à comprendre, que certaine dans son application; et voilà précisément la pierre d'achoppement contre laquelle viennent se briser la plupart des méthodistes, en rendant leur œuvre incompréhensible, par une quantité de lignes qui n'ont point de raison d'être, mais qu'ils emploient pour le moindre vêtement, dans la pensée de donner plus de mérite à leur travail, sans songer que plus ils augmentent les difficultés, plus ils s'éloignent de la vérité. — Mais aucun ne veut opérer par des moyens simples, parce qu'ils lui paraissent trop vulgaires, et, partant, préfère être diffus ou inintelligible, que d'ôter à sa méthode ce qu'il appelle la science de l'art; science, hélas ! qui embarrasse plutôt qu'elle n'aide, et qui, trop souvent, fait douter de la réalité. Voilà où nous en sommes arrivés jusqu'à présent, avec les méthodes existantes, qui n'ont produit et ne produiront que doute et incertitude.

Nous n'avons pas, certes, la prétention de mieux faire que nos devanciers, et notre intention n'est pas ici de nous poser en *prince de la coupe ;* nous avons trop d'humilité pour oser aspirer à une semblable dignité, qui ne peut appartenir qu'à un mérite suprême, que nous sommes loin de posséder; aussi nous inclinons-nous très-humblement devant ceux qui se décorent de ce titre, en leur disant : A tout seigneur, tout honneur. Salut !

Notre intention n'est pas non plus de vanter les qualités et les vertus de notre méthode, comme font quelques-uns de nos confrères, ni de la faire canoniser, comme ils le désirent pour les leurs, afin d'en faire autant de fétiches pour être adorés par les apprentis tailleurs de 1964. Non; nous ne portons pas nos vues aussi haut. Nous voulons seulement donner une méthode à la portée de chacun, pour que chacun puisse juger de sa facilité à être expérimentée pour toutes espèces de vêtements, de modes et de goûts ; sans fatigue ni combinaisons ; c'est dire qu'elle sera dépouillée de tous ces hochets d'une fausse science, dont l'orgueil entoure ordinairement la plus grande partie des principes de coupe ; réduite ainsi à sa plus simple expression dans son accomplissement, par la suppression de toutes les lignes et mesures inutiles au tracé d'un corsage, on en comprendra sur-le-champ la marche ; et le résultat sera toujours certain par sa grande facilité d'exécution.

Il est très-fâcheux que, jusqu'à ce jour, les méthodistes n'aient pas voulu s'entendre pour établir une coupe unique et universelle ; il est fâcheux, disons-nous, qu'un amour-propre mal entendu les ait constamment divisés au lieu de les unir ; par cela même, ils ont perdu leur puissance, et leurs productions isolées n'ont eu jusqu'à présent que des résultats ordinaires que le plus mince tailleur obtient par sa seule intelligence, et sans le secours d'aucune méthode. — Aussi, qu'arrive-t-il de cet état de choses ? c'est que l'élève, quelle que soit sa confiance dans le talent de son professeur, ne suit jamais régulièrement ses leçons ; car, aussitôt que son cours est fini, il s'empresse de modifier à sa façon, et selon son expérience, les leçons et conseils qui lui ont été donnés, et se débarrasse promptement de cet attirail de lignes, de détails et de minuties, toujours si nuisibles à l'accomplissement de son travail, parce que sa mémoire ne peut les retenir, et, par conséquent, de là naissent une foule de difficultés insurmontables qui lui font douter de la coupe et du professeur ; dès lors, il maudit sa profession et regrette de s'être laissé prendre à une annonce pompeuse, le plus souvent insidieuse, il s'aperçoit tout simplement que la connaissance de la coupe de laquelle on fait tant de bruit, est une montagne qui accouche d'une souris.

Certes, une telle croyance n'est pas tout à fait rationnelle, mais c'est un peu la faute de certains professeurs qui usent trop largement de la réclame ; car, nous devons le dire, avec toute la franchise qui nous caractérise, beaucoup de nos collègues perdent de leur prestige en employant de semblables moyens, soit en se faisant donner des certificats par leurs élèves, soit en se faisant écrire des lettres par des tailleurs de province, comme, par exemple, celle d'un certain nègre qui habite la France, et qui écrit que, depuis que M. X... lui envoie sa méthode, il en est si content, qu'il vient de lui élever un culte, et a fait bâtir une pagode sur les côtes de Guinée, où tous les fervents de l'endroit viennent chaque jour s'agenouiller devant les dessins de sa coupe, qui sont autant de dieux pour eux ; et M. X..., dont la modestie est des plus grandes, ainsi que chacun le sait, s'est empressé, pour l'amour de son prochain *seulement*, de publier ce curieux autographe dans un specimen non moins curieux qui a paru il y a quelques années.

De semblables moyens, pour nous, ressemblent passablement à ceux employés par les opérateurs de places publiques, qui, dans la crainte qu'on ne croie pas à leur talent, exhibent des titres, des certificats des pays les plus inconnus, afin de prouver qu'ils ont fait partout des cures, non-seulement merveilleuses, mais miraculeuses, en dépit des plus grands savants; malheureusement, tout ce fatras d'annonces ne prouve qu'une chose au public qui écoute : c'est que s'ils avaient le talent qu'ils prétendent avoir, ces professeurs n'auraient assurément pas besoin de certificats pour se faire connaître ; car, il y a un axiome qui dit : *Au bon vin, point d'enseigne.*

Ravaler ainsi l'art, c'est en faire un métier. Or, celui qui prétend au professorat ne peut certainement pas descendre à ces petits moyens qui sont au-dessous du véritable talent, un métier n'est autre chose qu'un commerce d'échange de travail ou de marchandises contre un paiement quelconque; tandis que l'art n'est point un métier qui peut s'annoncer à son de trompe : c'est l'essence de l'aspiration du vrai et du beau, qui donne la puissance et la force à celui qui l'exécute; mais, pour cela, il faut que l'artiste comprenne et saisisse tout ce qu'il y a de grand et d'élevé dans les hautes conceptions de son art, afin d'en connaître toutes les perfections ; et au fur et à mesure que ses connaissances se développent en lui, il éprouve alors ce noble sentiment qui, tout en lui révélant sa force, lui fait comprendre qu'il ne doit pas faire de son talent une marchandise que l'on affiche à chaque coin de rue ; qu'il doit, au contraire, l'entourer de toute la dignité possible, et attendre que l'on vienne lui demander sa science, au lieu de l'offrir au rabais comme le plus mince produit; de cette manière, il sera toujours grand aux yeux du public, et aura le respect de lui-même.

Puisque nous sommes sur ce terrain, ayons encore le courage de dire quelques vérités qui ne peuvent que nous être utiles, en nous démontrant une fois de plus que l'intérêt personnel passe avant l'intérêt général, et que beaucoup d'hommes ne remplissent pas toujours la mission qu'ils se sont imposée, en métamorphosant trop souvent leur intelligence en un trafic des plus vulgaires. Ainsi, ce que nous reprochons à quelques professeurs, de transformer leur art en un métier qui doit rapporter tant par jour à son maître, nous pourrions le reprocher à quelques journaux de notre corporation, qui sont pour la plupart un commerce régulièrement organisé, comme les magasins qui offrent sans cesse et invariablement, pendant les douze mois de l'année, toujours les mêmes productions sans en retrancher une syllabe, c'est-à-dire toujours le même programme avec le même résultat.

Maintenant nous vous demandons, chers lecteurs, si, en vous abonnant à un journal de votre corporation, vous ne pensez pas recevoir un peu plus que ce que l'on vous donne ordinairement, et si vous n'êtes pas un peu saturé de ces répétitions qui se renouvellent chaque mois. Assurément oui, car, comme nous, vous avez le désir d'apprendre une chose plus importante que celle de confectionner un vêtement quelconque. C'est l'instruction professorale complète et sans restriction qui peut seule faire honorer notre travail et nous élever à nos propres yeux ; c'est ce que l'on n'a jamais fait jusqu'à présent.

Qu'un journal donne chaque mois une gravure, un article modes, un patron et une méthode qu'il recommence chaque année, tout cela convient au travail manuel de chaque jour, mais cela ne suffit pas à celui qui veut s'instruire ; il lui faut autre chose et il sent parfaitement que son journal laisse une lacune à remplir, celle d'une instruction sérieuse, qui lui apprenne sa valeur, ses devoirs, ses intérêts et sa force dans la sphère qu'il occupe. Or, le journal qui se dispense de traiter ces questions si importantes au progrès de notre profession, est d'autant plus coupable, qu'il empêche, par son silence inqualifiable, des hommes de cœur d'apporter leur pierre milliaire à l'édification du travail et à l'union de la corporation tout entière.....

Nous nous arrêtons là, car nous ne voulons pas faire précéder notre méthode d'une plus longue appréciation sur les professeurs et sur les journaux qui manquent à leur mandat, dans la crainte de porter le doute dans l'esprit de nos lecteurs. Nous allons donc immédiatement entrer en matière et commencer notre méthode, que nous continuerons régulièrement à donner dans notre journal, avec les explications, les notes et les réflexions philosophiques nécessaires à l'intelligence de cet ouvrage.

Or donc, nous disons que le dos étant la première partie du corsage par laquelle on commence à couper, c'est par lui que nous débuterons. Nous allons à cet effet le diviser en trois parties, c'est-à-dire en former trois plans gradués, de manière à faire arriver l'élève jusqu'à l'accomplissement de son dessin sans encombre.

Premier exemple : Dos droit de 48 centimètres de longueur et de 20 centimètres de largeur d'écarrure.

Premier plan, ou figure A.

Cette figure n'est autre chose, pour ainsi dire, que la charpente du dos, sur laquelle viennent s'appuyer les lignes symétriquement posées qui doivent former un dos parfait. Or, pour arriver à ce résultat, il faut simplement tirer une ligne perpendiculaire d'une longueur indéterminée, puis, à partir du haut de cette ligne, on en tire une seconde qui est horizontale; ces deux lignes réunies forment une équerre. — Voilà pour le premier plan, ou figure A.

Deuxième plan, ou figure B.

Les deux lignes formant l'équerre une fois tirées, on établit les mesures de la manière suivante : A partir du haut, on fixe sa longueur, qui est de 48 centimètres, en ajoutant en plus un centimètre, afin de remplacer celui que l'on abat quelquefois dans le haut du dos; puis, toujours à partir du haut, on marque le tiers de 48, qui est de 16, et où s'arrête ce tiers on tire une ligne horizontale qui établit tout à la fois la largeur d'écarrure et la hauteur du côté; puis, à partir du point de la largeur de l'écarrure, qui est de 20 centimètres, on tire une ligne perpendiculaire qui va s'appuyer sur la première ligne horizontale, celle qui forme l'équerre; de cette manière le haut du dos forme un carré; puis une fois ce carré établi, on fixe la largeur du haut du dos, qui est toujours le tiers de la largeur d'écarrure, or, le tiers de 20 est de 6 centimètres 2/3; cette largeur une fois fixée, on marque la hauteur de la petite carrure, qui est toujours le tiers de la largeur du haut du dos, ainsi donc, puisque ce dernier a 6 centimètres 2/3 de largeur, la hauteur de la petite a par conséquent 2 centimètres 1/4 environ. La largeur du bas de la taille s'établit ensuite, et se met à 5 centimètres pour un vêtement ajusté; pour les autres formes, il y a d'autres dimensions que nous ferons connaître au fur et à mesure que nous développerons notre méthode. — Voilà pour le deuxième plan, ou figure B.

Troisième plan, ou figure C.

Une fois toutes ces largeurs bien fixées d'après les proportions que donnent les mesures, on commence par tirer une ligne droite du point 6 2/3 jusqu'à celui de 2 1/4, puis une autre ligne droite à partir de l'angle de dessous de la petite carrure, ou autrement le haut du côté, jusqu'à l'angle du bas, qui est la longueur juste de la taille; puis ensuite on trace l'épaulette en la creusant dans le milieu d'un fort centimètre de la ligne droite qui la couvre. Pour le côté, il se creuse selon la mode ou le goût du coupeur, car pour lui il ne peut y avoir aucun point fixe. Une fois l'épaulette et le côté tracés, le dos se trouve terminé aussi complétement que l'on peut le désirer. Il en est de même pour tous les dos droits, car il faut bien se pénétrer que pour toutes les tenues ordinaires, c'est toujours le tiers de la longueur qui fixe l'écarrure et la hauteur du côté. Cette longueur est toujours prise à la hauteur des hanches.

A

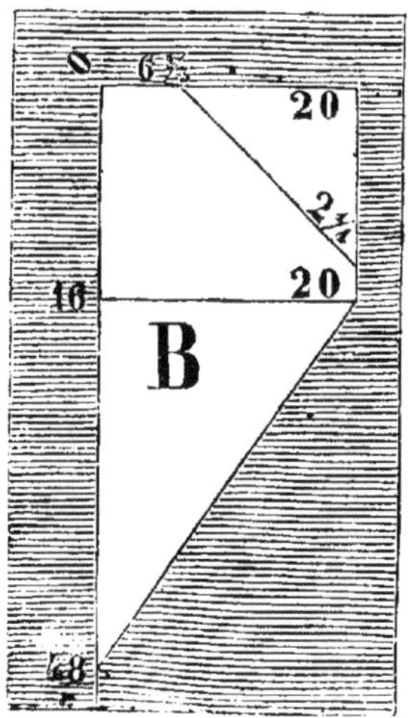

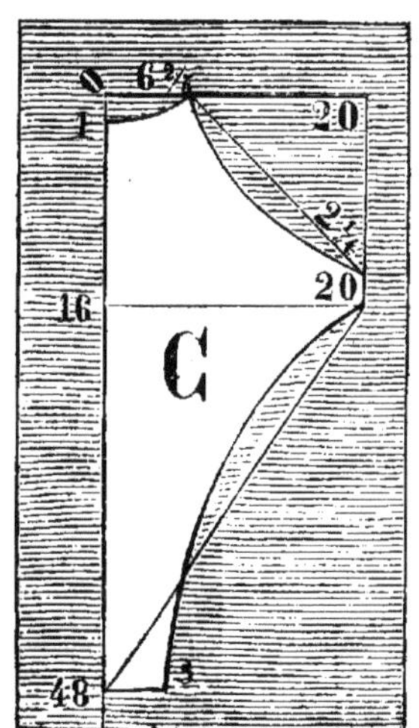

DEUXIÈME LEÇON

Créer un corsage au moyen de lignes combinées, est la chose la plus facile du monde ; mais lui faire prendre régulièrement tous les contours d'un torse quelconque, sans gêne, sans tiraillements et sans plis aucun, n'est pas chose aussi facile, et demande plus de pratique que de théorie, encore n'arrive-t-on pas toujours au but que l'on se propose.

Il est vrai, qu'il se produit parfois des corsages qui vont parfaitement du premier jet, sans même avoir subi un seul essayage, mais cela est rare, et cette réussite, dont le coupeur se hâte de s'attribuer tout le mérite, est souvent plutôt l'effet du hasard, que celui de ses combinaisons ; car nous avons l'intime conviction, qu'un tailleur quel que soit son talent, ne peut assurer d'avance que le vêtement qu'il va couper ira de prime-abord, parce que les méthodes qui ont été créées jusqu'à présent, n'ont été que l'à peu près du métier et non la marche certaine d'une science directe et invariable, qui s'accomplit dans toute sa plénitude et toujours avec la même précision.

Soyons francs et sincères, et voyons avec les yeux de la vérité, ce que produisent chaque jour les méthodes, et si leur résultat n'est pas continuellement le doute et l'incertitude.

Sans doute, que *M. Réséda de Feuillemorte*, le plus grand professeur des deux hémisphères nous répondrait sans hésiter que le doute est une erreur de notre part, et que, si nous nous servions de sa méthode, nous trouverions la perfection, que nous cherchons vainement dans nos œuvres ; c'est-à-dire, l'aplomb, la position de l'emmanchure, ainsi que la suppression de toutes espèces de refoulements et de crochets ; ce qui constitue la beauté et l'achèvement parfait d'un corsage.

Mais nous pourrions répondre à notre tour à ce *brave M. Réséda de Feuillemorte*, que si les qualités dont il pare sa méthode assurent le succès d'un corsage, elles doivent être invariables, et ne peuvent être par conséquent modfiiées dans aucun cas ; et cependant elles le sont toujours, n'en déplaise au grand homme, de façon qu'après l'essayage et les retouches, il serait fort difficile, même impossible de retrouver leur point de départ ; ce qui vulgarise singulièrement son œuvre, et lui donne comme au commun des martyrs, les mêmes difficultés pour réussir, ce qui prouve qu'elle n'est pas plus parfaite que les autres ; il est vrai qu'il reste à notre professeur cette justification, comme à tous les coupeurs de bonnes maisons, c'est-à-dire cette éternelle redite, qui est, à chaque vêtement qui ne va pas, d'en faire retomber la faute sur le pauvre ouvrier et d'en faire un homme à pendre pour le bonheur de l'art ; c'est ainsi que l'innocent paie toujours pour le coupable ; cela est injuste sans doute, mais la loi du plus fort a raison quand même.

Cependant si ces hommes que vous frappez toujours d'anathème pour excuser vos fautes, refusaient un jour de travailler, que feriez-vous alors, Messieurs? — Vous vous trouveriez indubitablement réduits comme Socrate à boire la ciguë, et alors les bons bourgeois de Paris, seraient forcés d'aller en belle nature, ce qui serait d'une indécence profonde à notre époque. Gardez donc les ouvriers tels qu'ils sont et ne les rendez plus responsables de votre amour-propre, alors tout sera pour le mieux dans le meilleur des mondes possibles. Mais revenons à notre sujet, et disons : que les méthodes de coupe n'ont eu jusqu'à présent que des rapports imparfaits et non suivis avec le corps humain, parce que les méthodistes ont plutôt cherché à faire des dessins agréables à l'œil, qu'une œuvre utile pouvant se plier à toutes les sinuosités du corps ; ce qui est loin d'une science positive, à l'aide de laquelle on arrive mathématiquement au but.

Une telle précision demanderait sans doute à l'élève, une étude longue et sérieuse, mais au moins après ce temps passé il serait en état de conduire sa maison avec un succès constant et n'aurait plus besoin d'avoir recours à ses confrères, comme cela arrive trop souvent pour avoir tel ou tel patron, pour telle ou telle conformation, qu'il craint de manquer, parce que sa méthode n'en fait pas mention. Cela il est vrai, ne montre pas une grande force d'imagination de la part du demandeur, attendu que l'expérience doit lui démontrer, que la coupe est toujours la même, quelle que soit la grandeur du corsage; les mesures seules en font la différence, parce que point de départ et résultat, sont identiques pour tous les vêtements ajustés.

Aussi sommes-nous convaincu, que ce n'est pas cette raison qui l'arrête, ni celle qui lui fait avoir recours à autrui pour avoir des modèles, mais bien plutôt la méthode qu'il a apprise qui ne lui donne que l'à peu près des contours d'un torse quelconque, qu'il ne parvient, hélas! à couvrir d'un morceau de drap, qu'à force de retouches, répétées dans tous les sens. Or, pour un corsage excentrique, c'est-à-dire en dehors des proportions ordinaires, craignant en suivant sa méthode, de se trouver encore plus loin de la vérité, préfère en désespoir de cause avoir recours à un confrère *ou à un négociant en patrons*, par ce moyen il met sa conscience à l'abri de toutes espèces de reproches et dort tranquille.

Le raisonnement de cet homme est celui de la généralité des tailleurs, ce qui prouve que l'enseignement de la coupe laisse beaucoup à désirer, même à ceux qui font métier de l'enseigner aux jeunes praticiens. Ainsi donc, la coupe, telle qu'elle est aujourd'hui, n'est que l'ébauche d'une science, qui ne peut recevoir sa perfection que du concours de tous les hommes capables qui apporteront leurs lumières en commun à son édification ; jusque-là, elle n'en sera que les premiers jalons, sans bases fixes, et d'une application douteuse et difficile.

Nous connaissons bon nombre de professeurs, hommes d'esprit et de bon sens, qui sont de notre avis à l'endroit de l'imperfection de notre coupe, mais comme nous, ils espèrent que le temps en fera une science parfaite, aux démonstrations rigoureuses et invariables, et que bientôt nous aurons une œuvre qui fera la gloire de notre corporation, *mais nous ne l'avons pas encore!*

Nous connaissons aussi quelques professeurs, en petit nombre, il est vrai, tels que *MM. Castorine* et *Bélœuf*, non moins orgueilleux de leurs méthodes que M. Réséda de Feuillemorte, qui assurent avec toute la candeur de la plus profonde modestie, qu'ils ont réussi à faire de la coupe une science par excellence, et que les mathématiques pures ne sont que de la saint Jean, comparativement à leurs sublimes découvertes, *qui sont les révélations mêmes de l'esprit saint*, et en donnent pour preuve les merveilles qu'ils ont accomplies sur des sujets plus merveilleux encore. Le premier pour avoir habillé *le Shah de Perse* sans retouches, et le second pour avoir mis *son propriétaire en culotte.*

Certes, qu'en présence de pareils faits on ne peut que s'incliner profondément devant ces messieurs et bénir le dix-neuvième siècle de les avoir fait naître tout exprès pour mettre en culotte leurs contemporains. Aussi nous leur présentons, nos civilités bien sincères, et nous les engageons de persévérer dans les hautes sphères de leur art, afin de pouvoir un jour être mis en relief, sur le fronton du Panthéon, dans l'élégant costume de notre premier père.

Pour nous, qui ne sommes que de simples mortels, nous n'avons pu faire que des choses subordonnées à notre intelligence et, par contre, d'une simplicité d'enfant, mais dont les grandes personnes pourront parfaitement se servir avec succès, et sans avoir besoin de chercher la quadrature du cercle, comme dans les hautes régions du savoir, que nous venons de citer; tout le monde y trouvera sans peine la certitude d'accomplir son œuvre, avec un peu d'attention et sans avoir recours aux combinaisons scientifiques; un raisonnement clair, un sens juste et l'application du travail démontré dans quelques lignes seulement, suffiront à l'élève, quel que soit son degré de mémoire, pour bien couper un vêtement. . . .

Dans notre dernière leçon, nous avons donné l'explication du dos, pour l'homme droit, explication que nous avons terminée de cette manière :

Il faut bien, avons-nous dit, se pénétrer que, pour » toutes les tenues ordinaires, c'est toujours le tiers de la » longueur qui fixe l'écarrure et la hauteur du côté. Cette » longueur est toujours prise depuis la nuque jusqu'à la » hauteur des hanches ; et si la mode demande une taille » prolongée ou plus courte, cette opération ne peut se faire » qu'après que le dos est tracé, suivant les proportions du » torse, c'est-à-dire de la nuque à la hauteur des hanches. » Par ce moyen on est certain d'arriver avec la plus grande » précision, à l'égard de la hauteur de l'épaulette surtout. »

Maintenant nous allons continuer notre instruction par la description du corsage, également pour l'homme droit, pour aller avec le dos qui précède, et, comme ce dernier, nous allons le diviser en trois parties, c'est-à-dire en former trois plans gradués, afin de faciliter l'élève dans l'accomplissement de son travail, et lui éviter toutes espèces de doutes sur l'application de son tracé.

Nous allons donc faire un corsage pour un homme droit, c'est-à-dire d'une tenue ordinaire, ayant de grosseur du haut 48, et du bas 42. Ces deux mesures suffisent pour donner au corsage toutes les proportions du corps, comme grandeur et largeur, en fixer l'aplomb, l'emmanchure, les côtés, la poitrine, et le faire toucher à la cambrure.

Premier plan du corsage, ou figure D.

Cette première figure, comme pour le dos, n'est autre chose que la charpente sur laquelle doit s'exécuter le corsage et lui donner l'aplomb qui lui est nécessaire; or, sa combinaison est des plus faciles.

On commence par tirer deux lignes horizontales à la distance de deux centimètres l'une de l'autre; la distance de ces deux lignes est invariable pour toutes espèces de grandeurs, de grosseurs et de tenues; elles ont toujours la longueur de la grosseur du bas pour tous les vêtements ajustés. A l'extrémité de ces deux lignes, qui a la grosseur du bas 42, on tire une ligne perpendiculaire, d'une longueur indéterminée, parce que cette ligne sert non-seulement à établir l'emmanchure, l'épaulette et le côté, mais aussi à fixer l'aplomb de la basque ou de la jupe.

Ces trois lignes une fois tirées avec une précision et un aplomb parfaits, faisant bien l'équerre à leur point de jonction du haut, on commence par établir les lignes qui doivent fixer les points invariables de l'emmanchure, de la manière suivante: on prend d'abord la moitié de la grosseur du haut, qui fait, dans toutes les circonstances possibles, le bas de l'emmanchure, à partir de l'angle de la ligne horizontale de dessous, c'est-à-dire de la deuxième, en longeant la ligne perpendiculaire; et, où s'arrête cette moitié, qui est de 24 pour 48, on marque un point, toujours sur la ligne perpendiculaire; puis on prend le quart de cette distance qui est de 6 pour 24; on commence par mettre ces 6 centimètres en descendant sur la ligne perpendiculaire, à partir du point de jonction de la deuxième ligne horizontale,et où s'arrêtent ces 6 centimètres on marque un point; puis on remet cette même distance sur le point 24 en remontant sur la ligne perpendiculaire, où l'on marque encore les 6 centimètres, ce qui forme une distance de 12 centimètres entre les deux points six; puis, à chacun de ces points, on tire une ligne horizontale de la plus grande précision; ces trois lignes ajoutées aux trois premières, forment la charpente complète du corsage. — Ici finit le premier plan du corsage, figure D. — Nous devons dire aussi avant de terminer, pour l'intelligence de nos lecteurs, que tous nos petits modèles sont réduits au dixième du centimètre, et par conséquent faciles à relever comme utiles à consulter dans l'intérêt d'une instruction sérieuse.

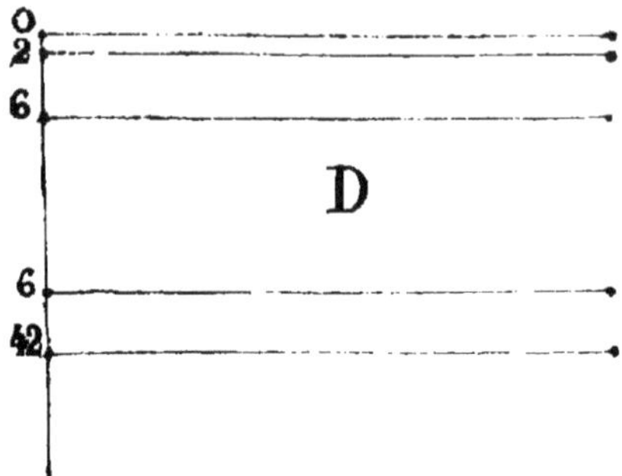

TROISIÈME LEÇON

La mode, cette folle,
A des autels,
Et des mortels
Elle est l'idole.

Le besoin de se garantir des injures du temps, et de l'intempérie des saisons contraignit les hommes,dès le commenment du monde, à se couvrir de vêtements.

Dieu fit pour Adam et pour sa femme des tuniques de peau, dont il les revêtit, dit la Genèse; mais ce livre ne dit pas comment Dieu accomplissait ce travail; sur ce point comme sur tant d'autres il reste muet. Ce silence est d'autant plus fâcheux, qu'il nous prive de renseignements, qui nous auraient peut-être mis sur la voie du *grand secret de la coupe* qui s'est perdu dans la nuit des temps; mais ne pouvant remonter plus haut, il nous faut renoncer à l'espoir de le retrouver et nous contenter de rapporter ici, comment le genre humain a commencé à se vêtir; à cet effet nous allons emprunter à l'histoire, les quelques lignes qui suivent

Le désir de rehausser ses attraits engagea la femme, a dit un savant érudit, à orner ses cheveux de plumes, de fleurs, ou de coquillages, puis elle voulut draper d'une manière élégante et gracieuse le vêtement destiné d'abord à la garantir de la pluie et du froid. La coquetterie et le désir de plaire ajoutèrent peu à peu à cet habillement des ornements inutiles à sa première destination, mais qui étaient propres seulement à donner un charme de plus à la beauté, et à la grâce de celle qui en était parée. De là les bracelets, les colliers, les pendants d'oreille en usage chez les femmes de tous les pays.

De son côté, l'homme, forcé de se défendre contre les animaux féroces, souvent en guerre avec les autres hommes qui cherchaient à lui nuire, n'ayant pour protéger sa femme et ses enfants que son courage, s'étudiait dans son costume et dans les ornements dont il le décorait, à grandir sa taille et à donner à son visage l'air le plus terrible et l'aspect le plus formidable qu'il pouvait imaginer, en se coiffant d'un haut bonnet de plumes; revêtu d'armes singulières et menaçantes, qu'accompagnaient des gestes bizarres et souvent hideux.

Ainsi, chez les femmes, l'envie de plaire et de séduire; chez les hommes, l'espoir d'imposer et de paraître redoutables, présidèrent aux premières inventions de la toilette et du costume.

Comme on voit, les hommes, dans tous les temps, cherchèrent dans la mise les moyens de tromper leurs semblables en se donnant des airs d'emprunt; de façon que, dignité, force et noblesse, ne furent trop souvent, que le produit du vêtement et non celui d'un don particulier du ciel; aussi, si les tailleurs n'existaient pas, il faudrait les créer sur le champ, car l'espèce humaine perdrait trop à être vue au miroir de la vérité; là, plus d'un fashionable, dont on admire les poses académiques, perdrait à cet examen, et la plus belle moitié du genre humain n'y gagnerait pas. Mais en voilà assez sur la note de l'Editeur, revenons à notre récit.

Au fur et à mesure que la civilisation se perfectionna, dit l'auteur déjà cité, l'homme, à ces premiers ornements effrayants et sauvages, substitua d'autres parures non moins terribles et non moins guerrières, mais qui, loin de l'enlaidir et de le déformer, ajoutèrent encore à sa beauté naturelle, et servirent en même temps à le défendre. Ainsi le casque grec orné de son panache, le bouclier décoré de ses emblèmes, l'arc et le carquois, l'épée, la lance et le javelot, charmèrent autant les yeux par l'élégance de leurs formes qu'ils intimidèrent par l'aspect menaçant et terrible de leur appareil.

La femme d'autre part, animée du désir de plaire, trouvant chez l'homme un juge sûr pour la connaissance et le sentiment du vrai beau, fit servir ses ajustements, ses ornements et sa coiffure au plus grand avantage de ses attraits naturels, se gardant bien d'y rien ajouter qui pût en contrarier ou en dénaturer l'effet; de là naquit le costume grec, le plus favorable sans contredit au développement de la beauté humaine, soit pour les grâces de la femme et de l'adolescent, soit pour l'apparence mâle et belliqueuse de l'homme, soit enfin pour la majesté noble et sévère du vieillard, du philosophe et du magistrat.

La *toge* du sénateur, vêtement d'honneur qu'il n'était pas permis au peuple de porter, était commune aux hommes et aux femmes de qualité. Dans la suite, elle fut d'usage à tous les citoyens, non-seulement à Rome, mais dans toutes les villes municipales; et cet habillement fut tellement propre aux Romains, qu'on l'appela *togati et gens togata*. La *toge* était une robe de laine fort ample et longue, ouverte par devant comme un grand manteau : Denys d'Halicarnasse lui donne la figure d'un demi-cercle. La mesure n'en était point fixée, dit-il, elle suivait celle de la fortune, ou du faste. Ainsi on distinguait à Rome la qualité et les richesses des personnes à la finesse et à l'ampleur de leur toge.

La *toge, la stola et le manteau des matrones romaines, le paludamentum* du soldat, moins beaux peut-être et moins élégants que les habits grecs, étaient cependant remarquables par leur grâce et leur dignité. Depuis ce temps les costumes, établis sur de sages principes, ne changèrent plus dès qu'ils eurent acquis toute la beauté dont ils étaient susceptibles; la mode se fixa, et jusqu'aux dernières époques des impératrices qui commencèrent à la dénaturer, le beau resta constamment l'objet principal de l'habillement des femmes; la dignité, la commodité furent toujours l'unique but du costume des hommes, soit dans la paix, soit à la guerre.

Vers la fin de la république, les femmes romaines ne se contentaient plus d'une seule tunique, elles en portaient quelquefois jusqu'à trois. La première tenait lieu de chemise; la seconde était une espèce de robe, et la troisième qui se trouvait par-dessus, ayant reçu insensiblement un plus grand nombre de plis, et étant augmentée d'ampleur, forma l'habillement de femme, qu'on appela *stola*, ce dernier costume fit tomber la mode de la *toge*, ou du moins n'en laissa l'usage qu'aux hommes.

Le *paludamentun* du soldat romain, n'était autre chose qu'une draperie ouverte de tous côtés, qui s'attachait sur l'épaule droite avec une agrafe, afin que le bras droit fût entièrement libre.

Le *paludamentun* se portait ordinairement par-dessus la cuirasse et couvrait les armes des soldats. Les officiers généraux les portaient fort longues et fort riches. Le général en chef avait seul le droit d'en avoir une de pourpre. Il la prenait en sortant de la ville, et la quittait avant que d'y rentrer.

Ainsi que nous le voyons, les premiers costumes connus, furent tout à la fois simples, commodes et ajoutaient par leur dignité à la beauté mâle de l'homme. Il n'en est pas de même dans nos costumes modernes, le sentiment du beau et le soin de l'utile furent de tout temps remplacés par l'attrait de la nouveauté et celui du caprice, car il semble vraiment que nos dames choisissent à plaisir, depuis les premiers siècles de notre monarchie, tout ce qu'elles peuvent trouver de plus gênant et de plus propre à les enlaidir. Depuis le *hennin pyramidal* et le voile *haut perché* du quatorzième siècle, jusqu'aux bonnets et aux chapeaux plus que ridicules du dix-neuvième, il est presqu'impossible de les reconnaître à travers cet attirail que la mode a enfanté, tels que buses, paniers, gigots, crinolines et surtout, sous le costume masculin qu'elles viennent d'adopter et duquel elles se parent avec tant d'orgueil et de délices.

L'homme, de son côté, dans son costume étriqué et sans caractère aucun, serré dans son gilet, dans son habit, dans son pantalon, dans sa cravate même, boutonné de partout et emmaillotté comme un enfant, ne présente dans son habillement, ni élégance, ni commodité et n'a rien qui révèle sa noblesse ni sa puissance, il en fait au contraire un être dépourvu de grâce; négatif et dégénéré; et cependant nous applaudissons chaque jour à nos modes et à leurs continuels changements qui nous transforment sans raison et sans besoins, et qui font, de chacun de nous, un prospectus vivant, que personne ne veut lire, mais dont tout le monde se sert faute de mieux.

Cette fureur de changements et ces variations qui s'opèrent sans cesse, dont le centre, est à Paris, s'étend ensuite dans toute l'Europe et dans les colonies qui en dépendent. *La mode est inconnue dans le reste du monde.* Les Turcs, sauf quelques réformes adoptées depuis peu, les Persans, les Chinois, ainsi que tous les Orientaux, suivent sans y rien changer le même costume que portaient leurs pères; le caftan, la robe, le bonnet, le turban, ont conservé la forme qu'ils avaient autrefois, et servent successivement à plusieurs générations, sans que la coupe originelle en trahisse l'antiquité et demande des corrections d'un genre plus moderne. Il en fut de même chez les Grecs et chez les Romains; et ainsi que nous l'avons dit plus haut; la toge et le manteau conservèrent jusqu'à la fin leurs mêmes ornements, et leur même coupe.

Du reste, nous croyons qu'avec l'activité toujours croissante de l'industrie et les moyens rapides de fabrication que nous possédons actuellement, que l'inconstance de la mode est absolument nécessaire pour égaler la consommation aux produits.

Chez les peuples plutôt artistes qu'industriels, comme

étaient les anciens Grecs et les anciens Romains, qui étaient toujours dirigés par ce sentiment exquis des convenances et du beau, la mode devenait invariable sitôt qu'elle avait atteint le plus haut degré de sa beauté et de sa commodité ; tandis que chez nous c'est tout le contraire ; affranchis de toutes espèces d'entraves, dominés plutôt par la fantaisie que par le sentiment des convenances et du vrai beau, nous parcourons à longues guides un champ sans limites, que notre char franchit capricieusement et par mille détours inconnus, rapportant chaque jour de sa course fantastique et vagabonde, les modes les plus disparates, les plus folles et les moins appropriées à nos habitudes, à notre caractère et à notre dignité ; et cependant, soumis à leurs lois capricieuses, nous adorons leurs frivoles décrets et nous leur élevons des temples comme faisaient autrefois les païens pour leurs dieux tutélaires. Aussi nous ne pourrions mieux terminer ces réflexions qu'en répétant le quatrain qui lui sert d'épigraphe :

La mode, cette folle,
A des autels,
Et des mortels
Elle est l'idole.

Maintenant nous allons donner la description du second plan du corsage, figure E.

Nos lecteurs se rappelleront sans doute que nous avons terminé le premier plan du corsage par ces mots : « Puis, à chacun de ces points, on tire une ligne horizontale de » la plus grande précision ; ces trois lignes ajoutées aux » trois premières forment la charpente complète du corsage » et finissent son premier plan. »

Une fois ces six lignes bien tirées d'après le produit des mesures, on forme l'emmanchure de la manière suivante : on commence par prendre la distance qui se trouve entre les deux points six, qui est de douze ; ces douze centimètres se placent sur le point six de la ligne horizontale, qui se trouve au-dessus du point vingt-quatre qui fixe le bas de l'emmanchure. Ces douze une fois marqués, on place un autre point de la moitié de cette valeur à un centimètre et demi environ au-dessous de la ligne vingt-quatre, à partir de la ligne perpendiculaire. Ces deux points fixés on opère l'emmanchure de la manière suivante, c'est-à-dire en partant du point 6 de la seconde ligne horizontale qui forme l'aplomb du haut. De ce point, on va rejoindre le point 12, en cintrant régulièrement, puis jusqu'au point qui se trouve au-dessous de la ligne 24, c'est-à-dire au-dessous de la ligne qui fixe le bas de l'emmanchure, puis on remonte en arrondissant vers le point 6, qui se trouve au-dessus de la ligne 24 sur la ligne perpendiculaire. Ce tracé fait avec une grande régularité en ayant surtout le soin de dépasser d'un fort centimètre le point 12, on obtient une emmanchure d'un ovale des plus gracieux, ne gênant en rien les mouvements du bras, et n'occasionnant aucun refoulement au défaut de l'emmanchure comme cela arrive souvent, lorsque l'emmanchure n'est pas à sa place. Une fois l'emmanchure faite, on procède au tracé de l'épaulette, en mettant un bout de l'épaulette du dos, sur le premier point 6, qui se trouve sur la ligne perpendiculaire à partir du haut, et l'autre bout sur la première ligne horizontale, sur laquelle on marque un centimètre de plus de longueur en avant de l'épaulette du dos, puis d'un point à l'autre on décrit l'épaulette du corsage par une courbe régulièrement arrondie. Après avoir fait l'emmanchure et l'épaulette, on trace le côté de la manière suivante : on commence par placer son dos à 3 centimètres de distance du second point 6, qui se trouve sur la ligne perpendiculaire et qui forme la pointe du haut du côté; puis ensuite, on appuie le bas du dos sur la ligne perpendiculaire; une fois placé de cette manière, on maintient le dos au moyen d'une règle posée dessus, et l'on trace le côté plus ou moins rond, ou plus ou moins droit, selon la forme que l'on a donnée au côté du dos; mais quelle que soit la forme du côté, le rond de l'omoplate doit toujours toucher le côté du dos au tiers de sa longueur, et le bas du côté doit invariablement toucher la ligne perpendiculaire; on ne doit pas oublier de cintrer doucement le bas du côté. Ici finit le second plan du corsage figure E.

Nous renvoyons nos lecteurs à cette figure pour l'intelligence de la description, afin qu'ils puissent se rendre compte, non-seulement de la facilité du tracé, mais de celle aussi, de l'application des points.

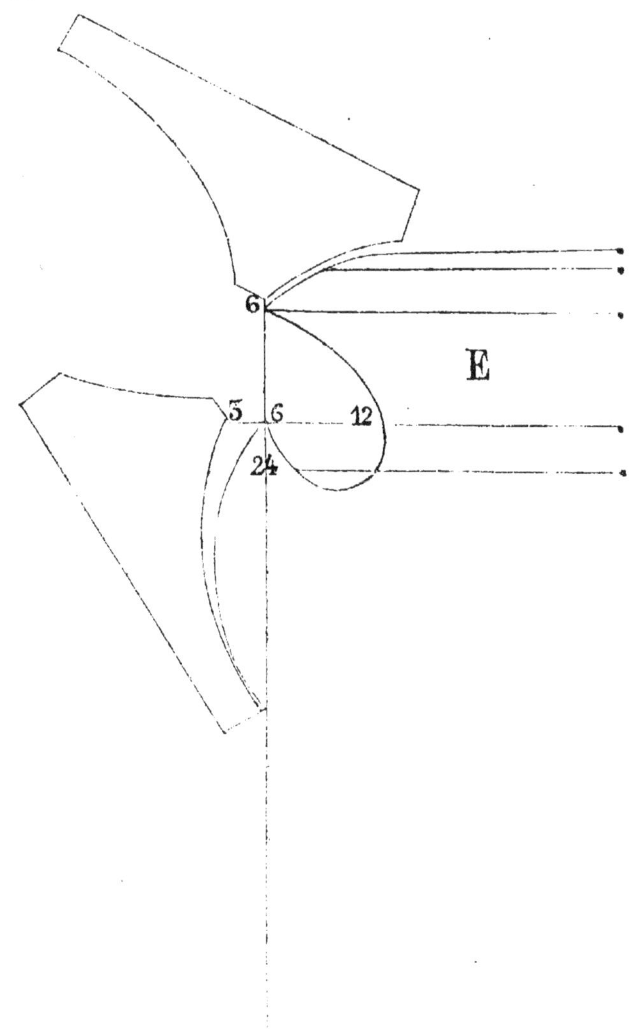

QUATRIÈME LEÇON

Nous avons expliqué, dans notre dernière leçon, l'origine de se vêtir; dans celui-ci, nous allons expliquer celle des professeurs de coupe en France. Ce sujet en vaut bien un autre, n'est-ce pas?

Le premier livre de l'Écriture, qui comprend l'histoire de la création du monde, nous apprend, ainsi que nous l'avons déjà dit, que Dieu fit des tuniques de peau à Adam et à Ève; ce qui prouve que la profession de tailleur compte environ 5,863 ans d'existence, et il nous semble que cette ancienneté, qui n'est pas commune, devrait lui donner des titres à la considération publique, et lui attirer la vénération de la part des autres professions qui sont venues longtemps après elle, tels que les barbiers, les cordonniers, les chapeliers, voire même les banquiers; mais le public est essentiellement ingrat de sa nature, et n'a de considération pour son tailleur que le jour où il va lui demander une culotte à crédit. — Que voulez-vous, amis lecteurs!... Les hommes sont ainsi faits; il faut bien les accepter tels qu'ils sont.

Depuis cette époque anté-diluvienne, la profession de tailleur a toujours continué sa marche lente, mais progressive, et la continuera sans doute tant que le monde durera, par la raison qu'il faudra se vêtir quand même; ce qui rend les tailleurs partie intégrante du grand ressort qui dirige la société, et fait qu'ils seront, de toute éternité, des êtres utiles et indispensables au genre humain ; ce qui assure leur puissance et leur donne la force de supporter les petites misères que leur font endurer des clients ridicules et souvent impertinents. Aussi, philosophes par souffrance depuis le commencement des siècles, ils vivent et meurent sans s'inquiéter des atomes qui les entourent, et suivent, le plus doucement possible, la route que le destin leur a tracée, conduits par l'espérance, douce fille du ciel que Dieu fit descendre sur cette terre de douleurs et de misère pour soutenir et encourager le pauvre travailleur. — O sainte espérance! on te retrouve partout : l'enfant auprès de son berceau, l'homme au milieu de son œuvre, et le vieillard au bord de la tombe, d'où ton doigt lui montre le ciel.

Depuis 5,800 ans, la profession de tailleur s'accomplissait régulièrement, et arrivait à chaque génération, sans secousse comme sans désir, lorsque tout à coup apparut un être duquel on n'avait jamais entendu parler, ni de son origine ni de son espèce, et qu'aucune histoire naturelle n'avait encore classé; vainement on chercha à le reconstruire parmi les vieux fossiles anté-diluviens du baron Cuvier: impossible; on ne trouva rien, absolument rien, qui lui ressemblât; c'était un type tout à fait nouveau et sans précédent; c'était un de ces phénomènes que la nature engendre parfois dans un de ses moments de riche fécondité; c'était enfin un professeur de coupe, homme aussi charmant que spirituel, dont le dix-neuvième siècle venait de nous doter, l'an de grâce 1800, et que les naturalistes s'empressèrent de classer dans le règne homminal.

L'apparition du professeur de coupe opéra une révolution salutaire et radicale parmi les tailleurs, qui sentirent, dès ce moment, qu'ils n'étaient plus eux-mêmes, qu'ils n'étaient plus rien devant cette manifestation vivante du progrès, en un mot, qu'ils n'étaient plus qu'une proportion hasardée qui ne pouvait avoir d'autorité sans ce nouveau corollaire, c'est-à-dire sans l'appui et les conseils d'un professeur de coupe; dès-lors ils s'empressèrent de se mettre en rapport avec lui.

C'était une sage pensée, sans doute, de la part des tailleurs; seulement ils en abusèrent, comme on abuse toujours des choses nouvelles, en prenant trop à la lettre l'enseignement qu'on leur a apporté pour aider leur mémoire, leur travail, et perfectionner leur goût, et furent si loin dans leur enthousiasme, qu'ils tombèrent dans le ridicule par des excentricités impossibles que les professeurs de coupe cherchèrent vainement à modifier; mais il était trop tard : la digue de la raison était brisée; il fallait suivre le torrent de l'exagération, qui les entraîna si loin, qu'ils finirent par ne plus se reconnaître dans leurs combinaisons, et commirent des fautes graves, qu'ils firent retomber sans scrupule sur leurs professeurs.

Malgré cela, les élèves continuaient à suivre les cours de coupe, et leur présence assidue assurait, chaque jour, la puissance des professeurs; peu à peu l'enseignement se simplifia, devint plus facile, et le résultat meilleur. Les élèves, satisfaits de ce progrès, ne juraient plus que par le maître; ils le voyaient partout, jusque dans leurs rêves, tantôt menaçant, tantôt bienveillant, selon qu'ils avaient plus ou moins bien suivi ses leçons, et croyaient toujours entendre sa voix amie et paternelle leur criant : « Souvenez-vous que le dix-neuvième siècle, essentiellement progressif, veut la perfection en toutes choses, et non un travail vulgaire comme autrefois; aujourd'hui c'est l'art, oui, l'art que l'on demande partout! »

Cette voix intérieure disait vrai, car cette perfection qu'elle révélait était le but que toutes les professions désiraient atteindre et que les besoins réclamaient impérieusement, d'après les nouvelles idées qui venaient de se faire jour à la suite de la Révolution française. Aussi, les tailleurs, soumis à cette voix secrète, et guidés par le sentiment du vrai beau, abandonnèrent la routine pour faire de l'art; mais, hélas! l'art, comme la routine, faisait parfois d'*affreux poignards* aussi difficiles à corriger que ceux de la routine, et les mêmes difficultés existaient toujours pour habiller correctement; mais que faisaient ces difficultés! on avait acquis une coupe géométrique à laquelle tous les tailleurs avaient applaudi chaleureusement; n'était-ce pas un progrès, un art dans toute sa plénitude d'action? Qu'importait le reste!..... Si, il importait une chose, pour que ce nouveau système de coupe eût toute sa splendeur de succès; il importait, disons-nous, que, de par le progrès, les hommes fussent tous bien faits, et que les femmes ne parlassent qu'à leur tour, lorsqu'un tailleur essayait un vêtement à leur mari.....

Dès ce moment, les professeurs de coupe s'établirent sur la plus grande échelle de la science, se firent les grands-prêtres de la corporation, qui les acclama comme les bienfaiteurs de la profession, les bénit comme des hommes exceptionnels et d'une utilité première, et les considéra dès-lors comme les princes de la coupe.

De leur côté, les professeurs, encouragés par les tailleurs eux-mêmes, ouvrirent des cours partout et finirent par se multiplier comme les étoiles du firmament, car on assure qu'ils sont aujourd'hui plusieurs mille qui tiennent, dit-on, dans leurs mains les destinées de la profession de tailleur, ce qui n'est pas très-rassurant pour elle.

Comme on voit, l'origine des professeurs de coupe, en France, ne date que du commencement du siècle, c'est-à-dire de soixante-quatre ans environ; mais depuis cette époque, ils ont fait de si rapides progrès, qu'ils ont placé la coupe sur le premier plan de l'enseignement, et en ont fait un art avec toutes ses aspirations qui restera éternellement; aussi les écoles de coupe ont-elles l'approbation de tous les hommes de goût. Cette approbation, nous l'espérons, les rendra aussi nombreuses que les grains de sable de la mer, ainsi soit-il.

Maintenant que nous avons fait connaître la date de l'apparition des professeurs de coupe en France d'après les tablettes chronologiques de l'histoire, il est juste que nous disions un mot de leur caractère et de leur esprit, ce qui ne sera pas sans intérêt pour le lecteur qui aime à s'instruire de certaines vérités qui sont toujours bonnes à savoir pour quiconque veut établir un jugement sur un corps enseignant.

Les professeurs de coupe naissent dans tous les pays, en Gascogne, en Auvergne, en Normandie, en Berry, voire même à Paris, où est né votre serviteur. — Cela ne peut surprendre le lecteur judicieux, pour peu qu'il ait lu Juvénal, qui assure qu'il n'y a point d'air si épais, de peuple si stupide, de lieu si inconnu, qu'il ne puisse s'y engendrer un grand homme; il en donne comme preuve que, Épaminondas et Pindare naquirent en Béotie, Aristote à Stagyre, Cicéron à Arpinum, et Virgile dans le hameau d'Andes, et s'il ne parle pas des professeurs de coupe, c'est qu'ils n'étaient pas encore nés à cette époque.

Les professeurs de coupe ne sont pas méchants, ils sont au contraire bons et bienveillants pour tout le monde, ils sont tristes ou gais selon leur tempérament; ils aiment par-dessus tout leur art, et cherchent par tous les moyens à l'inculquer dans la tête de leurs élèves, et n'y parviennent pas toujours, malgré la peine qu'ils se donnent pour réussir; ils sont patients dans leur enseignement et écoutent avec une extrême complaisance leurs élèves, qui n'apprécient pas toujours cette complaisance; ils sont modestes et dédaignent le faste et les grandeurs; ils sont généralement bons pères, bons époux et amis sincères, parlent peu, pensent beaucoup et mangent davantage, ils tiennent surtout à honneur que leur sépulture soit simple et sans ornement; en un mot, comme les stoïciens, ils méprisent toutes les vanités du monde! — Voilà pour le caractère.

Voyons maintenant l'esprit.

D'après ce que nous venons de dire, les professeurs de coupe seraient les hommes les plus parfaits de la terre, si toutefois la perfection pouvait exister sans mélange; mais malheureusement toute perfection a son antipode, comme le bonheur a ses chagrins, comme le bien a son mal et l'esprit sa tocade.

Ainsi donc, tout individu, en venant au monde, apporte avec lui ses qualités et ses défauts, sa raison et ses faiblesses, son intelligence et ses erreurs; nul n'en est exempt, ce qui prouve que la perfection n'est pas sur cette terre, et que chacun de nous reçoit en naissant une partie des imperfections inhérentes à l'espèce humaine; voilà ce qui explique pourquoi les professeurs de coupe ont aussi leur marotte, qui détruit tant soit peu les qualités que nous venons d'énumérer plus haut, en se livrant un peu trop, les uns aux doctrines amphibologiques, et les autres au spiritisme, au fusionisme et au somnambulisme, en un mot à toutes les sciences progressives, philosophiques et nouvelles, qui remplissent la tête et vident les poches; et chacun, selon la science qu'il affectionne, se croit un réformateur, un médium, un embryon ou un somnambule, ils s'imaginent sérieusement que, sans la loi de fusion, les hommes ne peuvent vivre heureux même en ménage, parce que, disent-ils, par cette loi, il y a communion d'idées et solidarité entre eux, ce qui constitue, ajoutent-ils, la nouvelle société en assurant le progrès pour les âges futurs. — Cette métaphysique peut être admirable de logique, mais nous avons le malheur de ne pas la comprendre; c'est faire preuve de crétinisme, nous en convenons, mais pour nous c'est un rêve qui, avant qu'il ne se réalise, permettra aux hommes de tous les pays de laisser pousser leur queue pour se faire magot.

Voilà, chers lecteurs, ce que nous pouvons vous dire sur l'esprit et le caractère des professeurs de coupe, dont nous avons l'honneur de faire partie; nous nous sommes attaché à donner à nos renseignements toute la clarté possible, afin de vous éviter la peine de faire des commentaires ridicules ou de fausses appréciations sur ce corps enseignant, qui est assurément, ainsi que nous l'avons dit plus haut, la manifestation vivante du progrès, comme il est le l'*embryon de la coupe* et un composé de toutes les substances éthérisées qui forment l'univers. *Amen*!...

A présent, la continuation de notre méthode. — Nous avons dit, en terminant la description du second plan de notre corsage, qu'après avoir fait l'emmanchure et l'épaulette, on trace le côté de la manière suivante :

On commence par placer son dos à 3 centimètres de distance du second point 6, qui se trouve sur la ligne perpendiculaire et qui forme la pointe du haut du côté; puis ensuite on appuie le bas du dos sur la ligne perpendiculaire ; une fois placé de cette manière, on maintient le dos au moyen d'une règle ou tout autre poids posé dessus, et l'on trace le côté plus ou moins rond, ou plus ou moins droit, selon la forme que l'on a donnée au côté du dos; mais quelle que soit la forme du côté, le rond de l'omoplate doit toujours toucher le côté du dos au tiers de sa longueur, et le bas doit invariablement toucher la ligne perpendiculaire, en cintrant doucement le bas du côté; voilà pour le deuxième plan du corsage.

Maintenant, nous allons donner la description du troisième et dernier plan du corsage, qui contient seulement l'application des mesures :

On laisse le dos dans la même position qu'il se trouve pour former le côté, puis on place le bout de son centimètre horizontalement sur le bord de la couture du milieu du dos, en passant sous l'emmanchure, et l'on vient s'arrêter sur le devant, à la grosseur du haut 48, à laquelle grosseur, on ajoute toujours 5 centimètres, quelle que soit la grosseur que l'on exécute; ces 5 centimètres de plus suffisent pour donner la largeur de poitrine pour une tenue ordinaire. Or, 48 et 5 donnent une grosseur de 53, que l'on fixe par un coup de craie; puis toujours, sans déplacer le dos, on marque la grosseur du bas, 42, sans rien ajouter, excepté la valeur des coutures, mais sur le devant seulement, jamais rien sur le derrière; il faut au contraire que cette partie soit coupée très-juste. Comme dans la prise des mesures nous supprimons la longueur du devant, parce qu'elle est rarement juste, le point 42, c'est-à-dire la grosseur du bas, doit la donner, et pour l'obtenir, voilà comment on s'y prend :

On mesure la distance depuis la première ligne horizontale du haut jusqu'au bas du côté, puis on rapporte cette même longueur sur le devant, que l'on fait concorder avec le point 42; cette distance forme invariablement la longueur du devant, toujours pour une tenue droite; puis, à partir du bas du côté au point 42, on tire une ligne horizontale, laquelle sert à tracer le suçon, dont la plus forte profondeur se fait environ au tiers de la grosseur du bas, à partir du bas de la pointe du côté. Cette profondeur est de 3 centimètres pour l'homme ordinaire, et le suçon de dessous le bras, qui forme le petit côté, commence au milieu du dessous de l'emmanchure, et va finir au plus fort du creux du suçon du bas, ce qui oblige de tirer la ligne un peu en biais ; le suçon du petit côté se creuse plus ou moins selon la force du torse, c'est-à-dire selon que l'homme est plus ou moins maigre dessous les bras; mais quelle que soit la conformation du torse que l'on désire habiller, il est de toute nécessité de faire un petit côté séparé; une fois le suçon du bras tracé, ainsi que celui du petit côté, on procède au devant de la manière suivante :

On commence par fixer le bas de son encolure à 1 centimètre au-dessous de la première ligne horizontale portant le point 6, c'est-à-dire à la troisième ligne horizontale à partir de la première du haut, quelle que soit la division que l'on fasse pour l'homme droit; ce point du bas de l'encolure se place toujours à un centimètre moins avancé, que celui qui fixe la grosseur du haut, y compris la largeur de poitrine.

Lorsque tous ces points sont marqués, on termine son corsage en traçant l'encolure régulièrement et telle que notre troisième plan l'indique, ainsi que la poitrine, en partant du point du bas de l'encolure et en allant joindre, par une courbe gracieuse, le point 42, qui est la grosseur du bas ou de ceinture; on doit surtout faire attention que cette courbe passe à un centimètre en avant du point de la grosseur du haut, qui est de 53 pour 48, à cause du 5 que l'on donne toujours pour les garnitures et terminer la largeur de poitrine, à laquelle on ajoute un revers ou une anglaise pour son complément.

Là, finit le tracé du troisième plan du corsage et le complément des deux premiers. — Lorsque la réunion de ces trois plans est exécutée régulièrement d'après les mesures et d'après leur marche graduée, on est certain d'avoir le résultat le plus satisfaisant; surtout faire attention que l'emmanchure soit parfaitement arrondie; alors le corsage se placera sans gêne et sans tiraillement sur le torse, n'aura point de refoulement au défaut du bras et touchera bien à la cambrure. Ce corsage, tel qu'il est tracé ici, n'a aucune tension ; il doit être monté juste, ainsi que le collet.

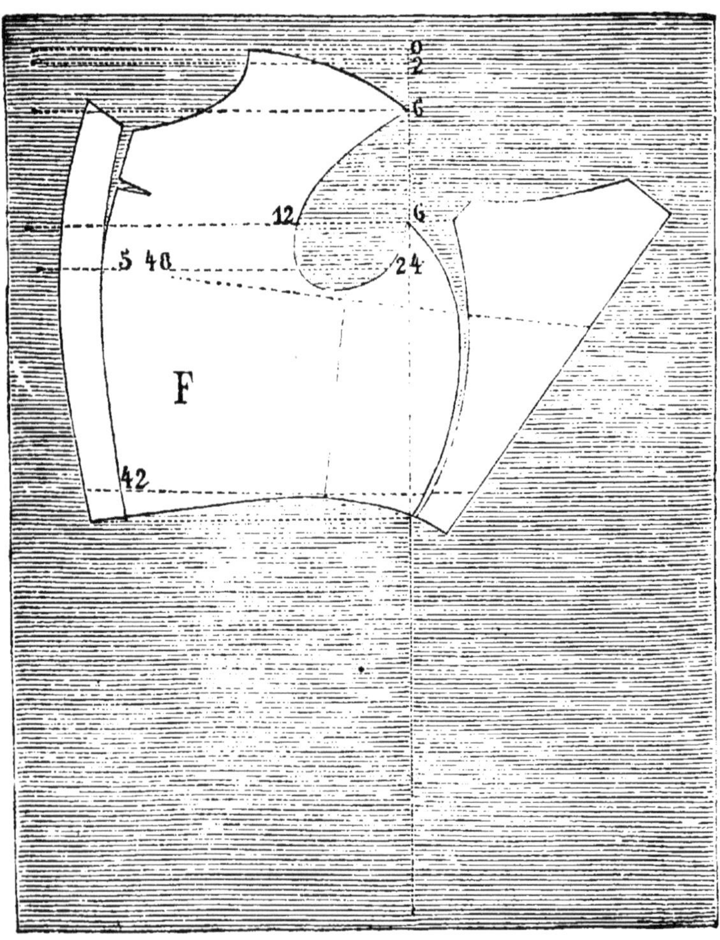

CINQUIÈME LEÇON

Pourquoi notre premier père n'a-t-il point enseigné à ses enfants la coupe, surtout la méthode *Bridoison père et fils ?* Il aurait évité bien des sottises au monde, attendu que cette méthode une fois posée par lui, se serait tranquillement transmise de génération en génération jusqu'au jugement dernier et, par ce moyen elle eût seule régné sur la terre, comme dans les cieux, et eût été la lumière céleste pour conduire la marche des coupeurs à travers les sentiers difficiles de la vie, comme autrefois le rayon lumineux éclaira la marche des Hébreux dans le désert; *les Bridoisons* eussent été canonisés et l'univers sauvé; parce que n'ayant que la même coupe et le même costume, les hommes eussent été plus d'accord entre eux ; le costume étant la langue emblématique de tous les pays, on n'aurait point vu de ces animosités de contrée, de ces bigarrures de vêtements, ainsi que cette multiplicité de langages qu'on inventa pour tromper les hommes; on n'eût point persuadé à quelques pauvres diables que, pour se sauver dans l'autre monde, on ne pouvait se dispenser de tenir la queue d'une vache en mourant, et il eût été bien plus difficile aussi à un marchand de chameaux, tout audacieux qu'il pouvait être, de parcourir le sabre à la main, tout l'Orient pour faire croire aux musulmans qu'il avait mis la lune dans sa manche droite. Assurément que la terre ne se fût pas couverte d'autant de bavards, et l'homme eût vraiment mérité le titre d'animal raisonnable qu'on lui a décerné plutôt par complaisance que par justice.

Mais Adam raisonna lui-même très-mal ; il s'en rapporta sottement à sa femme, qui s'en était rapporté plus sottement encore à son ami le serpent, et n'apprit point la coupe à ses enfants, ce qui obligea les hommes à se créer eux-mêmes des méthodes plus ou moins bonnes, mais qui n'en furent pas moins des concurrentes à celle des ***Bridoisons***, qui blamèrent hautement cette négligence de notre premier père, qui les confondait ainsi dans la foule du commun des martyrs, quand ils pouvaient, disaienl-ils, être seuls pour le bonheur du genre humain; mais Adam, qui avait la vue très-courte, ne vit pas l'avenir, crut que les hommes étaient nés pour se pourvoir eux-mêmes, et par cette inertie anti-progressive ouvrit la porte aux sottises, aux erreurs et aux exagérations qui amenèrent cette divergence dans les idées, qui créa plus tard une quantité de méthodes aussi ridicules qu'impuissantes, et incapables de produire un résultat satisfaisant, qui formèrent autant d'opinions contraires, et finirent par se faire la guerre.

Mais comme de tout on se lasse, on s'arrêta tout naturellement, et l'on se demanda si l'on avait eu raison de se disputer pour la forme, quand le fond ne valait rien; et s'il n'eût pas mieux valu s'entendre tout d'abord pour modifier ce dernier, que de perdre son temps dans des discussions d'amour-propre, qui ne pouvaient que nuire au progrès de la coupe. C'est qu'en matière de coupe, comme en matière de spirisme, on aime ergoter pour le plaisir seulement de faire prévaloir son opinion, qui est souvent oposée à la raison, parce que toutes combinaisons isolées deviennent naturellement les antagonistes des autres, et paralysent tous les moyens d'action qui pourraient amener les hommes à s'entendre, pour l'accomplissement de l'œuvre de tous; mais persenne ne veut faire le sacrifice de ses idées particulières au profit des autres; la vanité retient, et chacun de nous croirait déroger, s'il ne se plaçait pas dans une sphère d'excentricité absolue pour faire croire à un talent qu'il n'a souvent pas ; voilà les effets d'un orgueil mal entendu, et voilà pourquoi nous voyons tant de conceptions erronées qui viennent chaque jour se briser les unes contre les autres, et qui font que tailleurs et coupeurs sont toujours dans l'incertitude, lorsqu'ils travaillent, parce qu'ils ne peuvent trouver aucun point fixe parmi ce grand nombre de principes de coupe, que l'erreur invente et que la folie sanctionne. — O père Adam, pourquoi n'avez-vous pas appris la coupe à vos enfants, et surtout celle des *Bridoisons?* rien de tout cela ne serait arrivé, et l'univers dormirait tranquille à l'heure qu'il est!

Nous avons en France, nous assure-t-on, une société de tailleurs, qui s'est formée en tribunal aréopagiste de la corporation tout entière; qui distribue selon sa volonté suprême récompenses, brefs et diplômes, aux petits tailleurs qui vont très-humblement et très-respectueusement lui soumettre une invention quelconque; les membres de cette sublime société, tous hommes de la plus belle espérance, tranchent toutes les plus hautes questions de la profession, et comme juges souverains se font les pontifes de la mode et s'attribuent le droit d'en interpréter seuls les decrets. par tel, ou tel vêtement qui leur convient, mais qu'ils ont le soin de ne jamais changer, sans doute pour cause; cependant ils ne manquent jamais d'annoncer à chaque équinoxe un magnifique changement dans la mode; ainsi qu'on va le voir; à cet effet l'aréopage dans une séance solennelle, qui a lieu dit-on, tous les six mois, nomme une commission de 15 à 20 membres pris dans la plus fine fleur des pois; à laquelle il impose l'obligation d'inventer dans l'espace d'un mois, un costume nouveau ou de modifier celui qui existe, la commission peut travailler collectivement ou séparément selon qu'elle trouve la chose plus ou moins commode, mais rarement ces messieurs travaillent ensemble, parce que celui qui se sent des aspirations, veut seul les communiquer afin d'en avoir seul les honneurs; du reste, c'est ainsi que tous les savants de la terre agissent entre eux.

Or, le mois expiré, l'aréopage se réunit de nouveau dans sa grande salle des séances, où la commission est introduite solennellement et avec toutes les cérémonies d'usage, et va prendre place sur le banc d'honneur, au milieu du plus profond silence; puis, quelques minutes après, le Président se lève et de sa voix la plus belle, adresse une chaleureuse allocution à la commission, pour la remercier du travail qu'elle vient de faire ; loue d'avance tous les avantages que la corporation des tailleurs doit en retirer, et termine en invitant les membres à déposer leur œuvre sur le bureau ; œuvre que l'on s'empresse aussitôt d'examiner, et d'acclamer en même temps ; puis, quand le bruit des félicitations et des compliments est terminé, et que le calme est rétabli, le Président se lève une seconde fois, et dit d'une voix lente et grave : Messieurs, nous n'avons plus qu'à applaudir aux heureux résultats de la commission qui a été unanime dans son travail. A la grande satisfaction des hommes de goût, la mode est enfin fixée. Que Dieu nous soit en aide, et nous tienne dans sa sanite grâce. Puis continuant saisi d'une profonde émotion : La mode, dit-il, qui voulait la saison dernière des revers pointus et les renversements courts, grâce à la sagesse de notre commission bien-aimée, les portera la saison prochaine carrés avec un grand renversement, et les devants au lieu de cinq boutons n'en auront plus que quatre... O prodigieux effets du progrès que votre marche est sublime, et combien nous devons être orgueilleux d'en être les fidèles interprètes ! — Que cette mémorable séance soit à jamais consignée dans les fastes de l'histoire afin de rappeler à nos successeurs les merveilles que nous avons accomplies en l'année 1864. Nous allons en confier la rédaction à notre ami Frise-Pavé, secrétaire perpétuel de notre aréopage, pour qu'il en mentionne les faits et gestes au livre des procès-verbaux ; la séance est levée, retirez-vous en paix chacun chez vous !

Si cette société existe réellement ainsi qu'on nous l'a assuré, elle ferait mieux selon nous d'ouvrir des écoles permanentes de coupe et de faire l'instruction des jeunes tailleurs ; de leur fournir les moyens de se placer et d'assurer leur avenir par une bonne direction ; ceci serait une œuvre utile et humanitaire, et vaudrait mieux pour le jeune travailleur que de distribuer des récompenses, des titres et des diplômes qui encouragent le nombre des inventeurs et augmentent leur folie.

La philantropie veut le travail pour tous, et au même degré, et ne reconnaît aucune différence entre les hommes ;

elle fuit le salon pour la mansarde et l'académie pour l'atelier, dédaigne toutes espèces de titres qui entretiennent la vanité de quelques sots, trouve que le travail seul, rend l'homme honorable, et pour cela désire que toutes les institutions progressives ne soient ouvertes que pour l'instruction gratuite des ouvriers les plus pauvres, desquels elle partage toutes les aspirations, souffre de leurs souffrances, et n'est heureuse que de leur bonheur; partout elle se montre avec modestie et n'a jamais eu l'orgueil de se faire planète lumineuse, comme l'aréopage que nous venons de citer, qui ressemble passablement à la montagne qui accouche d'une souris.

Aussi, qu'arrive-t-il ? c'est qu'auprès de ce tribunal, c'est-à-dire de cet astre lumineux, gravite une foule de juges isolés, qui, sans avoir qualité, de par une ordonnance ministérielle ou préfectorale, rendent aussi des sentences et se posent comme lui, en matière d'absolutisme, c'est-à-dire ne reconnaissent de bon et de valable, que ce qui est créé par eux. Entre ces deux pouvoirs absolus, que peuvent faire les tailleurs ?... douter de tout et d'eux-mêmes... Voilà cependant ce que nous cause le mauvais raisonnement de notre premier père ; vraiment il n'était pas fort, car s'il eût eu la moindre logique dans la cervelle, il aurait certes compris, que, pour le repos de l'univers, il devait, non-seulement apprendre la coupe à ses enfants, mais leur enseigner surtout la méthode des Bridoisons.

Le lecteur peut-être ne sera-t-il pas fâché de savoir ce qu'était Jean-Baptiste Bridoison, première souche de tous les Bridoisons de l'univers ; voici en deux mots son histoire. Dès l'âge de 14 ans, il entra en apprentissage chez un tailleur et prit tant de goût pour sa profession, qu'à 16 ans il ne rêvait que le Dieu de la coupe, et ne voyait dans la voûte azurée que le trône de l'Éternel et le palais des coupeurs, où il espérait bien trouver place un jour ; il eut même, dans un moment d'enthousiasme, l'idée pour en jouir plus tôt, de s'empoisonner, en avalant des araignées, mais il ne savait pas que l'astronome Lalande s'en régalait souvent et qu'il les digérait très-bien..... Il ne s'empoisonna pas, seulement à mesure qu'il croissait en âge il travaillait avec plus d'ardeur à la coupe, et composa à l'âge de 24 ans sa grande méthode en partie double. Désespéré de ne pouvoir atteindre au ciel vers lequel étaient toutes ses aspirations, il partit pour Paris, et delà fut à Pékin implanter sa méthode; puis quelques années après il revint en France avec une charmante petite chinoise et un amour de petit magot qui est aujourd'hui son associé. Depuis longtemps cette intéressante famille vit modestement dans un des beaux quartiers de Paris, où monsieur Bridoison père, attend l'instant de monter au ciel, afin d'accuser Adam, comme l'auteur de tout le mal qui se commet chaque jour sur notre globe, pour n'avoir pas enseigné la coupe à ses enfants.

Mais en attendant que notre premier père soit puni de tous ses méfaits, nous sommes heureux de pouvoir dire aujourd'hui, que beaucoup de professeurs de coupe, hommes aussi intelligents que versés dans leur art, ayant compris que les principes de coupe, les plus simples, étaient ceux qui convenaient le mieux pour l'enseignement, parce que les élèves quel que soit leur degré de mémoire, pouvaient en saisir promptement la marche et les résultats, ont modifié leurs méthodes et les ont rendues aussi simples que faciles à apprendre. Voilà un progrès que nous sommes contents de constater, car depuis longtemps nous le demandions, aussi nous félicitons de grand cœur les professeurs qui ont entendu notre voix. Mais en voilà assez pour aujourd'hui, nous allons laisser nos réflexions critiques et philosophiques, et reprendre notre méthode que nous avons laissée à la fin de la description du troisième plan du corsage pour l'homme droit. Or, de ce même corsage nous allons en faire trois vêtements différents; c'est-à-dire une redingote, un habit et une jaquette habillée.—Nous allons commencer par l'habit figure G, en ajoutant seulement la basque au corsage, de la manière suivante : le corsage une fois entièrement terminé comme nous l'avons laissé dans le chapitre dernier, on forme la basque, en plaçant sa longueur sur la grande ligne perpendiculaire après laquelle sont appuyées: la pointe de l'épaulette, la pointe du haut du côté et celle du bas du côté ; la longueur une fois établie, à partir du bas du côté (bien entendu), on partage cette longueur par moitié ; à cette moitié on place 3 centimètres en avant, et 1 centimètre et demi en avant du point du bas; puis, à partir du bas de la pointe du côté, on trace une courbe très-régulière en passant sur chacun des points que nous venons d'expliquer, et le derrière est aussitôt formé, puis on ajoute en plus le pli. Le derrière formé, on passe au devant: on commence par fixer la largeur du bas, qui est de 15 centimètres, puis un peu en avant de la grosseur du bas on trace une courbe légère qui partage la distance du suçon de la ligne qui fixe la grosseur du bas, cette courbe forme le haut de la basque ; le haut ainsi fait, on forme l'échancrure à une distance plus ou moins grande ; cependant la longueur de cette échancrure se fait généralement de 16 à 18 centimètres ; puis, à partir de l'angle de l'échancrure on trace une courbe légère jusqu'au point 15, qui forme tout à la fois, la longueur et la largeur du bas de la basque : cette courbe termine le dessin de la basque. Une basque ainsi tracée, tombe toujours régulièrement, et n'ouvre et ne chasse jamais, que le corsage soit boutonné ou ouvert. Les suçons du haut de la basque se font au nombre de deux ou de trois selon la volonté du tailleur; il y a même des maisons qui remplacent les suçons par de l'embu.

La jupe de la redingote figure H, a à peu près le même aplomb que celui de la basque d'habit, excepté l'ampleur qui est en plus. Pour établir une jupe on commence par abattre 10 centimètres à partir du bas du devant du corsage; de ce point 10 qui forme le haut de la jupe, on trace une ligne doucement cintrée, qui va toucher le bas du côté et le dépasse de quatre centimètres ; puis, on prend la distance, c'est-à-dire la grosseur du bas du corsage, que l'on reporte sur le haut de la jupe à partir de la pointe du bas du côté, jusqu'au bord du devant en mettant 4 centimètres de plus, et l'on tire une ligne droite ; puis on établit la longueur de la jupe sur le derrière, cette même longueur se rapporte sur le devant en ajoutant trois centimètres de plus afin que la jupe soit ronde. Pour avoir la largeur de la jupe proportionnée au corsage, on prend la largeur depuis la ligne du bord du devant, jusqu'à la grande ligne d'aplomb; on partage cette distance par moitié; puis on prend une de ces moitiés à laquelle on ajoute deux de plus, qui complète la largeur de la jupe, c'est-à-dire l'ampleur en plaçant cette moitié sur la grande ligne d'aplomb, et où s'arrête cette moitié avec les deux centimètres ajoutés détermine l'ampleur, et la jupe est toujours parfaite au corsage.

La jaquette habillée figure 1 ne diffère en rien des vêtements qui précédent pour l'aplomb de sa jupe. C'est toujours sur la grande ligne d'aplomb que l'on marque sa longueur; en avant de ce point de longueur on marque 8 centimètres; puis on descend le petit côté jusqu'au milieu de la distance qui se trouve entre le suçon et la ligne droite qui fixe la grosseur du bas, puis à partir de ce point, on trace une petite courbe de toute la largeur du petit côté, que l'on dépasse de 4 centimètres. De ce point 4, on trace une courbe légère jusqu'au point 8, cette courbe forme le derrière de la jupe. Le petit côté est seul détaché, le corsage et la jupe tiennent ensemble; pour l'ampleur du devant, on a besoin seulement de tenir le boutonnement du bas un peu large, cette largeur donne l'ampleur nécessaire à la jupe; du reste pour cette partie-là, nous engageons de voir le dessin qui représente ce vêtement ; on se rendra sur le champ compte de la manière dont doit être donnée la largeur du devant, pour que la jupe ferme, lorsque le corsage est boutonné.

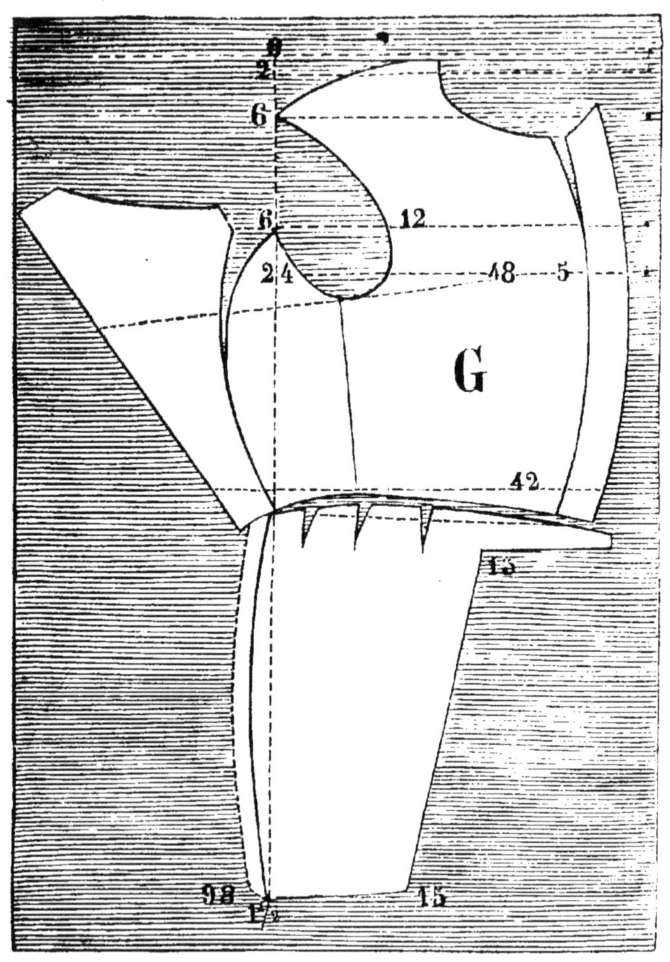

0
2
6
6
12
2
4
18
5
G
42
15

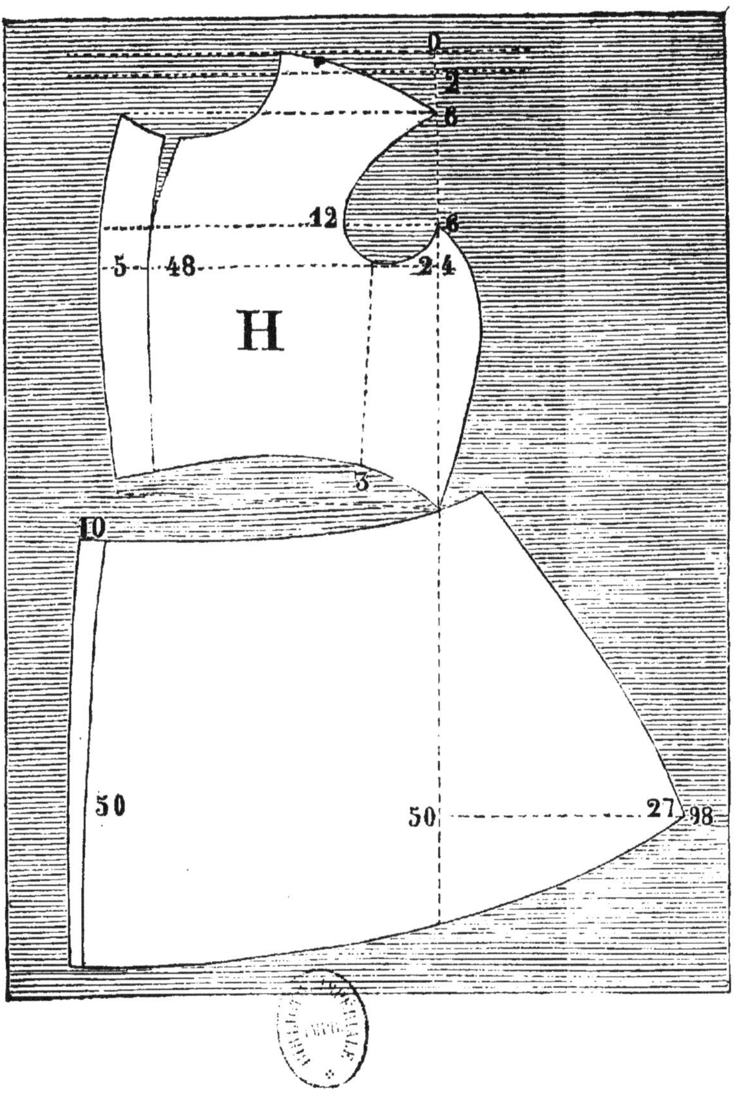
0
2
6
12
6
5
48
2 4
H
3
10
50
50
27
98

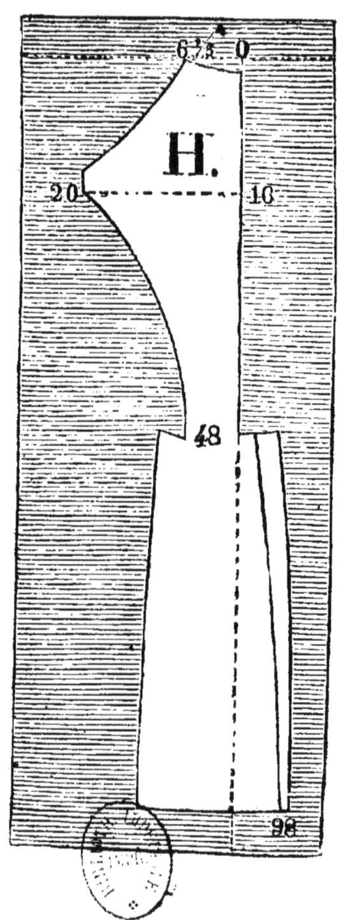
0
H.
20
16
48
98

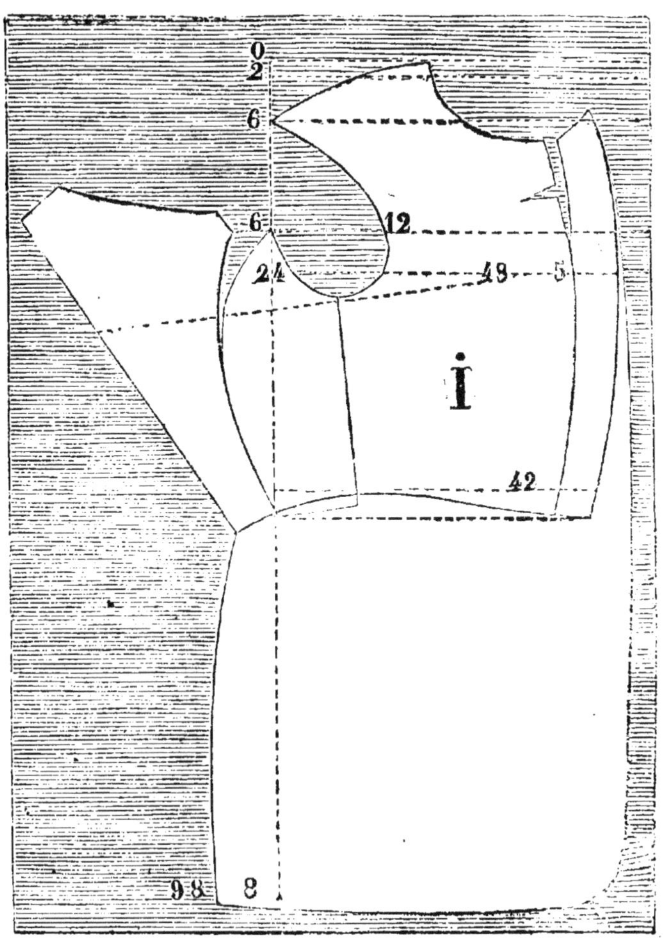
0
2
6
6
12
24
48
5
1
42
98
8

SIXIÈME LEÇON

En faisant précéder chacune de nos leçons, d'une critique où d'une appréciation philosophique, notre intention est non-seulement d'instruire en amusant, mais surtout de combattre la coupable indifférence, que mettent quelques professeurs de coupe, et quelques journaux de la corporation dans leur enseignement, quand toutes les professions qui entourent la nôtre, progressent chaque jour. — Pourquoi cette persistance à rester à l'A,B, C, du métier, lorsque, tout suit une marche ascendante?... Pourquoi ne pas instruire, diriger et conduire le jeune travailleur, à travers les routes nouvelles de la science?... Pourquoi ne pas chercher à faire de lui un homme dans toute sa plénitude, en lui faisant connaître sa valeur, ce qu'il peut faire et ce qu'il doit à la société, au lieu de le laisser dans une espèce d'abrutissement, en ne lui enseignant toujours que les mêmes éléments, les mêmes théories et en l'assourdissant des mêmes paroles.

N'est-ce pas un crime envers la corporation tout entière, qu'une pareille incurie, pour une profession, qui devrait être une des premières à la tête du progrès, lors qu'elle n'est qu'une des dernières, par l'ignorance où se trouvent la plupart des personnes qui l'exercent; ignorance due à un enseignement restreint, sans développement, sans bases fixes et pouvant suffire à peine aux premiers besoins d'un travail élémentaire; paralyse les facultés du coupeur et en fait un être mécanique, n'ayant aucune conscience, que celle d'un travail incessant, dans lequel entre plus d'habitude que de science.

Cependant, quelle que soit la position où le hasard a

placé l'homme; quelle que soit la profession qu'il exerce dans le monde, ainsi que le milieu dans lequel il vit; cet homme, disons-nous, a une mission à remplir envers son pays, la société, sa famille, et sa profession de laquelle dépend son bonheur; il doit donc s'attacher à rendre cette dernière grande et honorable, s'il veut être lui même grand et honoré.

Mais il ne peut obtenir ce résultat, que par un enseignement large, aux puissantes conceptions et aux idées nouvelles, qui anoblissent et récompensent le travail; grandissent l'homme à ses propres yeux, comme aux yeux de tous, et non, par cet enseignement bâtard, qui n'appartient à aucune école, et qui n'est souvent que l'aspiration d'une orgueilleuse ignorance, préférant à une instruction sérieuse et libérale des représentations qui n'ont point raison d'être, abuse d'un cérémonial, qui ne peut être qu'une forme illusoire et sans valeur pour la personne qui en est l'objet, ainsi qu'on va le voir, par le document qui suit, et qui est le premier exemple de ce genre arrivant à notre connaissance.

Voilà ce que raconte l'histoire :

Une des plus grandes institutions de coupe de la capitale, dit-on, sous la raison sociale Bridoison père, fils et compagnie, fut si satisfaite de l'intelligence d'un de ses élèves, que le chef de cet intéressant établissement, se mit en tête dernièrement de lui faire passer un examen devant le tribunal aréopagiste des tailleurs; il en écrivit aussitôt au président de cette suprême assemblée, qui accéda sans peine à sa demande, et à cet effet convoqua l'aréopage pour le premier jour de la pleine lune, époque des cérémonies les plus solennelles.

A l'heure fixée, la famille Bridoison fit son entrée dans le sanctuaire de la haute sagesse, de la façon suivante : le jeune Bridoison ouvrait la marche de l'air le plus majestueux et dans son grand costume officiel, c'est-à-dire tendu de noir, des pieds à la tête ; venait après lui, le néophyte couvert d'un manteau blanc, signe distinctif de l'innocence, du savoir et de la prudence; puis immédiatement après venait

Bridoison père, revêtu de sa robe de professeur agrégé de l'université de la coupe de Nankin, puis derrière lui suivait madame Bridoison, portant sur ses deux mains, un coussin de velours rouge, brodé d'or; sur ce coussin reposait saintement le plus précieux reliquaire du tailleur, c'est-à-dire la méthode en partie double du grand Bridoison, imprimée sur vélin, dorée sur tranche et reliée en peau de mandarin; après que ces quatre personnages furent entrés, ils se placèrent sur la même ligne, firent trois fois le tour de la salle d'un pas mesuré en saluant chaque membre de l'assemblée, puis vinrent s'asseoir sur des siéges d'honneur qu'on leur avait préparés exprès; le néophyte seul resta debout, et fut conduit par le maître des cérémonies au milieu de la salle pour y subir son examen; alors il se fit un profond silence et tous les regards se portèrent sur le jeune aspirant qui allait passer sa thèse de coupeur, afin de conquérir son grade.

Aussitôt le président se leva et dit d'une voix bienveillante au néophyte. Monsieur, votre examen va commencer, tâchez de répondre aux questions qui vont vous être faites afin que les cent voix de la renommée vous proclament le plus savant coupeur de votre pays. — Après ces quelques mots bien sentis, le président reprit sa place, et annonça que l'examen allait commencer, puis, il ajouta gravement; Attention, monsieur l'aspirant, je commence :

Demande. Qu'est-ce qu'un tailleur ?

Réponse. C'est le conservateur de la vertu humaine.

D. Pourquoi le nommez-vous le conservateur de la vertu humaine ?

R. Parce qu'il inventa la culotte, et les autres parties de l'habillement, afin de couvrir la nudité du corps, qui fit rougir l'homme, aussitôt après la désobéissance de notre premier père, que la gourmandise perdit à jamais.

(Plusieurs voix : très-bien, très-bien.)

D. Qu'est-ce qu'un coupeur ?

R. C'est le premier ministre du tailleur-roi, ministre plus souvent disgracié que récompensé.

D Qu'est-ce qu'un tailleur-roi ?

R. C'est ordinairement un tailleur anglais, à la blonde chevelure, au teint pâle, au maintien raide, à la démarche lente, faisant peser une autorité arbitraire sur tout ce qui l'entoure, se mouchant avec ses doigts et s'essuyant le nez avec une brosse?

D. Qu'entendez-vous par garçon tailleur?

R. J'entends l'étudiant de la corporation, qui passe ses examens chez le limonadier du coin, et travaille chez un maître établi, pour former son goût et son esprit, où souvent il apprend le contraire.

D. Qu'est-ce qu'un pompier?

R. C'est le Don Quichotte de la profession qui, à raison de cinq à six francs par jour, redresse les fautes des ouvriers et celles des coupeurs, et conserve au patron sa clientèle; aussi, fier de cette position, il porte son chapeau sur l'oreille, se tient droit, marche carrément, et fume le cigare à sou.

D. Comment s'opère la coupe?

R. Au moyen d'un assemblage de lignes combinées.

D. Croyez-vous à l'infaillibilité de la coupe?

R. Non.

D. Pourquoi?

R. Parce que l'évangile de la coupe nous apprend qu'un certain professeur du nom de Barbichon avait acquis une si grande connaissance de son art, qu'il ne se trompait jamais; mais il devint si orgueilleux de son talent, qu'il se crut l'égal de Dieu. Le ciel punit cet insensé et le fit périr avec le secret de sa science; depuis cette époque, tous les professeurs se sont mis à la recherche de ce fameux secret, et n'ont trouvé, depuis 4,000 ans que ce grand homme est mort, que des pierres pour se casser le cou, c'est-à-dire une coupe hérissée de difficultés; voilà pourquoi je nie l'infaillibilité de la coupe.

D. Cependant vous ne pouvez nier les progrès qu'elle fait chaque jour?

R. Je les reconnais et les apprécie.

D. Vous ne pouvez nier non plus, que si les professeurs n'ont pu retrouver le secret de l'illustre Barbichon, ils n'en ont pas moins reçu du ciel la grâce de composer de bonnes méthodes avec lesquelles ils font d'excellents élèves, comme vous, par exemple.

R. Oui, je sais que Dieu, touché de leurs larmes, de leurs prières et de leurs inutiles recherches, leur octroya des méthodes en leur disant : lorsque vous voudrez habiller Pierre, vous prendrez mesure sur Paul, et réciproquement.

D. Que pensez-vous de ce moyen?

R. Parfait.

D. L'avez-vous essayé?

R. Oui.

D. Et avez-vous réussi?

R. Oui, en prenant mesure à un voltigeur pour habiller un cent-gardes, et en mesurant mon terre-neuve pour faire un chantilly à Raton.

D. Qu'est-ce qu'un professeur de coupe?

R. C'est l'apôtre de l'évangile du vêtement, qui ne prêche que des convertis.

D. Le professeur de coupe est-il un homme ordinaire?

R. Non. C'est un être choisi par Dieu, qui a reçu l'onction pour accomplir les grandes destinées de la culotte.

D. Quels sont les plus célèbres professeurs de coupe en France?

R. Ce sont : MM. Bridoison père et fils, ici présents; M. Frisepavé, M. Réséda de Feuillemorte, et M. Belle-Oreille, que son habit couleur puce a rendu si populaire.

D. Que signifie le mot aréopage?

R. Il signifie un tribunal composé d'hommes sages, comme est la sublime assemblée dans laquelle j'ai l'honneur de me trouver en ce moment.

(Toutes les voix : Très-bien!)

Monsieur, reprend le président après un moment de silence, l'assemblée au milieu de laquelle vous vous trouvez, et qui compte parmi ses membres tous les princes de la coupe, satisfaite de vos réponses, vous reçoit coupeur de France et de Navarre, avec tous les bénéfices qui en découlent; voici votre diplôme signé des plus grandes lumières;

avec lui, vous pouvez vous présenter partout, au nom et sous les auspices de notre aréopage. Maintenant, venez que je vous donne l'accolade de la fraternité ; prenez place parmi nous, et quittez votre manteau.

Puis, le président continue et dit : « Messieurs, il nous reste un devoir à remplir, celui de féliciter M. Bridoison sur sa façon d'instruire ses élèves; il est incontestable que celui que nous venons de recevoir possède une connaissance profonde de la didactique historique du tailleur; mais il est douloureux pour nous de voir qu'il nie l'infaillibilité de la coupe ; nous qui voulons qu'elle soit l'œuvre de l'Esprit Saint et non celle des hommes ; enfin, nous espérons que notre jeune confrère reviendra à des sentiments plus conformes à nos saintes croyances, et qu'il se joindra à nous pour combattre les impies qui osent affirmer que nous sommes les éteignoirs de la science par nos démonstrations inapplicables et contraires au progrès. O grand Dieu ! où en sommes-nous. et dans quel temps vivons-nous?... Si nous ne nous hâtons de détruire cette abominable hérésie, la fin du monde va arriver, les temples vont s'écrouler, les maisons tomber, et le feu du ciel va nous rôtir comme d'ignobles marcassins !... Hâtons-nous donc, Messieurs, d'inventer une machine infernale pour écraser cette hydre malfaisante, afin que notre règne soit sur la terre comme dans les cieux ; et afin que notre vengeance soit plus prompte et plus complète, ayons dès aujourd'hui recours à la plume incisive et mordante de nos collègues et amis, les rédacteurs bien-aimés des journaux l'*Araignée en goguette*, le *Crapaud-Amoureux*, les *Quatre-Brisques* et la *Mouche en bonne fortune*... Oui, courons, mes amis, et ne quittons pas la place que les impies soient écrasés sous nos coups ; alors, nous aurons sauvé l'honneur de la coupe !... Toutes les voix : « Oui, courons vite pour aller... où... manger la soupe!!! »

Nous ne ferons aucune réflexion sur le curieux document que l'on vient de lire, car, nous le répétons, nous ne connaissons ni l'aréopage, ni son lieu de réunion, ni les professeurs et ni les journaux que nous venons de citer; aussi, ne publions-nous cet article que sous toutes réserves : seulement, nous dirons que si ce document n'est pas controuvé, et que si réellement cette réception a eu lieu dans un endroit quelconque, mieux eût valu donner de sages conseils au néophyte sur la coupe, sur le travail et sur la conduite de sa maison, que de faire uue représentation burlesque, tout au plus digne de quelques vieilles femmes, et nous sommes convaincu que le lecteur pense comme nous. — Aux hommes sérieux, des choses sérieuses et utiles; aux enfants, des futilités et des jouets.

Maintenant, nous allons reprendre notre méthode par la sixième leçon, qui comprend l'explication du gilet, que nous allons décrire de la manière suivante :

Quoique le gilet soit une des parties les plus exiguës de l'habillement, il n'en a pas moins ses difficultés pour le réussir convenablement, c'est-à-dire pour qu'il prenne bien toutes les parties du torse, surtout la poitrine, et qu'il ne forme aucun pli sur les épaules; que l'emmanchure bien arrondie suive régulièrement le tour du bras, et lorsqu'il est couvert d'un habit ou d'un autre vêtement quelconque, que le collet ne soit pas refoulé, et que ce refoulement ne vienne pas se briser sur le milieu de la poitrine comme cela arrive trop souvent. Or, pour obtenir ce résultat, il faut simplement des mesures bien prises et un point de départ certain, qui aide ces mesures à se placer et à révéler la conformation du buste, ainsi qu'on va le voir par le tracé qui suit.

Afin de rendre ce tracé facile à toutes les intelligences, nous allons le diviser en trois plans gradués, comme nous avons fait du corsage et du dos.

Premier plan du Gilet, figure J.

On commence par tirer une ligne horizontale de la longueur environ du trois quarts de la grosseur du haut; au bout de cette ligne horizontale, on tire une ligne perpendiculaire d'une longueur indéterminée; la réunion de ces deux lignes forme une équerre parfaite; puis, aussitôt, on fait son emmanchure ; mais avant de la commencer, il nous faut établir les mesures.

Les voici :

La longueur du devant, depuis le milieu du haut du dos jusqu'au bas, 65.

Longueur de la hanche, depuis le milieu du haut du dos, 60. — Cette longueur a toujours 5 centimètres de moins que celle du devant.

Grosseur du haut 48.

Grosseur du bas 42.

Ainsi, quel que soit le gilet, il ne faut pas plus de quatre mesures pour opérer son tracé.

Maintenant continuons notre premier plan. Après avoir tracé deux lignes en équerre comme on l'a vu plus haut, on remarque de suite l'emmanchure en plaçant la moitié de la grosseur du haut 24, pour 48, sur la ligne perpendiculaire à partir de la ligne horizontale, et à l'endroit où s'arrête ce point 24 on marque le bas de l'emmanchure, comme au corsage, — puis sur ces 24 on abat 5, à partir de la ligne horizontale, — ces 5 fixent la pointe de l'épaulette. Ensuite on prend la distance du point 5 au point 24, qui est de 19, on partage ces 19, dont la moitié est de 9 1/2, — ces 9 1/2 forment la largeur de l'emmanchure en les plaçant horizontalement et en retranchant 2 centimètres ainsi que la figure l'indique, — puis on trace l'emmanchure en partant du point 5, en passant sur le point 9 1/2 et allant joindre le point 24; ce tracé forme presque la moitié d'un cercle. La manchure une fois faite, on forme son épaulette de la manière suivante : on mesure depuis le milieu de l'emmanchure 9 1/2 jusqu'à la ligne horizontale dont la distance est de 14 1/2 auxquels on ajoute 1 centimètre, cette distance se place d'un côté sur le point 5, et de l'autre sur la ligne horizontale et forme de cette manière la largeur de l'épaulette, qui se trouve de 15 1/2. Ici finit le premier plan du gilet.

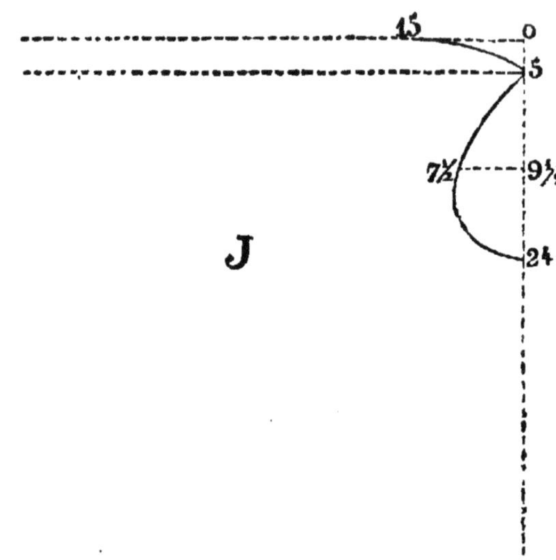
15
0
5
7½
9½
J
24

SEPTIÈME LEÇON

UN MOT SUR LA NATURE DE L'HOMME ET DE SON ORIGINE

Dans tous les temps les hommes ont été ce qu'ils sont aujourd'hui, n'en déplaise à Monseigneur le Progrès, c'est-à-dire, ni meilleurs, ni plus méchants, ni plus bêtes, ni plus spirituels,en un mot, sont tels que la nature les a créés, il y a six mille ans environ, avec toutes les imperfections inhérentes à l'humanité; ce qui veut dire qu'ils ont toujours été avares par tempérament, durs par habitude, hypocrites par besoin, jaloux de tout ce qui n'est pas eux, aimant l'argent plus que Dieu, affectant une ridicule vanité, pour faire croire à un mérite qu'ils n'ont pas, et cachant leur ignorance dans un dédaigneux mutisme.

Voilà les hommes de tous les temps, de tous les pays et de toutes les conditions, qui se foulent, se pressent et se heurtent dans tous les sens, pour atteindre à la fortune, ou aux honneurs, qui ne sont souvent pour eux, que des mirages trompeurs; mais, soutenus par l'espérance ils continuent leur marche aventureuse, à travers les écueils de la vie, et arrivent au bout de leur carrière, haletants et brisés par la lutte, et emportent dans la tombe, les regrets tardifs d'une existence follement usée par l'ambition et le désir de posséder; existence qui, plus sagement employée eût fait leur bonheur et eût aidé à celui des autres; mais l'homme entraîné par la mobilité de son caractère et surtout par cette insatiable envie d'être riche, qui le rend parfois criminel, s'élance dans les régions de l'impossible, abandonne la route honnête que le ciel lui a tracée et finit par se trouver misérable au milieu de sa splendeur; c'est ainsi que la société marche depuis plus de soixante siècles ; après cela nous demanderons à messieurs les moralistes, ainsi qu'à messieurs les réformateurs ce que les hommes ont gagné, et gagnent à toutes les transformations, qui se sont accomplies et s'accomplissent chaque jour sur notre petit globe, surtout depuis plusieurs années, où la folie humaine s'est attachée à tout dénaturer au nom du progrès; nom magique qui n'a de valeur, que pour l'industriel qui rêve des millions; oui, grâce à ce talisman tout se falsifie, même jusqu'au langage, dont chaque mot est souvent une injure contre la vérité; aussi plus l'homme met de recherches pour s'exprimer, plus il doit inspirer de défiance, parce que toutes ses paroles ont une double interprétation qui sont autant de liens, dans lesquels l'inexpérience va se prendre.

Mais dans tout cela, la société est seule coupable, car, ne jugeant le mérite que d'après la fortune, elle pousse l'homme dans les entreprises périlleuses, dans lesquelles il expose imprudemment son honorabilité, pour être riche et considéré; voilà pourquoi, à notre époque, chacun se déplace et quitte sa modeste profession, pour prendre un rôle qui n'est pas le sien; mais que lui importent les moyens pourvu qu'il fasse sa fortune ! — Le barbier quitte sa profession pour se faire avocat, l'avocat quitte la sienne pour se faire banquier, le banquier abandonne ses opérations pour se faire grand vizir, et l'homme des champs quitte la charue pour se faire orateur ; en un mot, tout change dans ce monde de progrès; tout se déplace : tous les rôles s'intervertissent; les sots sont les gens d'esprit, et les gens d'esprits sont les sots; toutes les femmes veulent être des Jeanne-d'Arc, et tous les épiciers des Jean-Bart,personne enfin ne veut être soi; aussi profitant de la liberté du progrès, chacun des acteurs de la comédie humaine s'approprie les premiers emplois afin d'attirer les regards et les applaudissements sur la grande scène du monde.

Cependant malgré ce tohu-bohu dans lequel le progrès nous a jetés, et où l'homme se trouve emporté jusqu'aux limites de l'erreur, par les idées nouvelles et fantastiques de quelques pauvres fous d'utopistes, qui s'imaginent voir partout une marche ascendante et progressive, jusque dans le saut d'une puce, cependant disons-nous, l'homme qui veut être heureux sur la terre autant que sa nature le comporte et afin d'échapper aux folles ambitions et aux tracasseries de la société, est obligé de travailler; et quel que soit son rang dans le monde, il doit s'imposer des devoirs envers la société, envers son pays, et doit contribuer au bonheur public.

L'homme, ce roi de l'univers, habite un lieu qu'il ne connaît point, c'est en vain que, s'élevant au-dessus de la terre qui l'a produit, il parcourt l'immensité des cieux, pour mieux observer la structure du monde; en vain se bornant à un objet moins vaste, il tâche de découvrir ce qui se passe sous ses yeux : les conjonctures vraisemblables qu'il forme, peuvent quelquefois paraître à son faible esprit des vérités certaines et constantes qui flattent son impuissante curiosité; la nature peut dans certains moments lui laisser croire qu'il a pénétré dans ses mystères, et qu'il a découvert quelques-uns de ses secrets ressorts; mais tout cela n'est qu'un jeu du travail de l'imagination, car elle est pour nous couverte et enveloppée d'épaisses ténèbres, et il n'y a pas d'esprit humain, quelque pénétrant qu'on le suppose, qui puisse découvrir la cause de tout ce qui se passe dans les cieux et sur la terre: nous ne connaissons même pas nos propres corps, ni la moindre des choses qui l'environnent.

Après cela il est aisé de comprendre que nous n'avons d'autre dessein que de rapporter d'une manière purement historique, ce qu'on a pensé avant nous sur la formation du monde et sur l'origine des hommes, car il ne nous appartient point de décider sur des questions si obscures et si impénétrables; nous laisserons donc la nature dans les ténèbres où il lui a plu de s'envelopper et nous dirons de tout ce qui regarde l'univers en général, ce qu'a dit un philosophe en particulier du flux et du reflux de la mer : « O toi, qui que tu sois, qui causes ses mouvements si fréquents et si merveilleux, demeure dans l'obscurité où Dieu t'a caché »

Les hommes ont joui longtemps de la lumière du soleil, sans faire aucun raisonnement sur la nature de cet astre qui les éclairait; ils ont vu pendant une assez longue suite de siècles les étoiles se lever et se coucher au-dessus de leurs têtes, sans songer à les observer; vivant à la manière des bêtes, occupés simplement des besoins pressants de la vie, ils ne songeaient qu'à la conserver; sans se soucier de connaître l'étendue de la terre, ils ne s'intéressaient qu'au seul endroit qui fournissait le nécessaire à leur subsistance et se mettaient peu en peine du cours des astres. — Ils ne levaient les yeux au ciel, que pour en recevoir la chaleur et la rosée; la nécessité seule attirait toute leur attention et tous leurs soins; ou si elle leur donnait quelque relâche, ils employaient vraisemblablement leur loisir à se procurer des plaisirs plus sensibles, que ceux d'une connaissance stérile de la figure de la terre et du mouvement des cieux.

Certes, il n'est pas aisé de fixer le temps auquel les hommes ont commencé de s'appliquer aux sciences qui regardent la formation de l'univers. Mais quand on fait attention aux bornes de l'esprit des premiers habitants de la terre, qui, selon l'expression du poète Théognis, étaient sans cesse dans la crainte que le ciel ne tombât sur eux; assurément il y a loin de cette époque primitive à la nôtre qui est aujourd'hui si fertile en découvertes et dans toutes espèces de sciences, qui s'arrêtent néanmoins à certaines bornes, car l'esprit de l'homme, tant développé qu'il puisse être, a ses limites et ne peut soulever le rideau de l'inconnu, qui n'appartient qu'à Dieu seul.

Toujours occupés de l'avenir, la mort même ne borne pas notre inquiétude; nous la poussons au-delà du tombeau. Nous savons qu'il n'est pas question seulement d'une heure, d'une année ou d'un siècle, mais d'une éternité qui nous attend après la mort; et, sans faire attention à cette autre éternité qui nous a précédé, nous n'envisageons qu'avec effroi celle qui doit nous suivre. L'essai que les hommes font pendant toute leur vie des plaisirs et des peines, leur en fait souhaiter ou craindre d'infiniment plus durables, et cette pensée produit en eux un violent désir de connaître quel doit être leur sort lorsqu'ils cesseront de vivre. Mais Dieu, touché de leurs appréhensions, a mis dans le cœur de chacun d'eux ce sentiment religieux qui élève et console l'homme honnête, que l'on nomme l'immortalité de l'âme, don précieux que le ciel nous a donné dans sa bonté pour espérer en lui, et nous faire supporter toutes les misères inhérentes à notre existence.

Certes, ce n'est pas d'aujourd'hui que l'homme se regarde comme le premier et le plus excellent des êtres vivants qui sont sur la terre. Cette opinion lui est en quelque sorte naturelle. Porté naturellement à penser avantageusement de son espèce, l'homme a assujetti toutes les autres créatures et les a mises sans scrupule sous sa domination.

Cependant cette grande opinion qu'il a de lui-même n'a pas toujours été si générale que plusieurs n'aient pensé sur ce sujet d'une manière différente et tout opposée. Quelques philosophes moins prévenus en faveur de la nature humaine, ont fait à l'homme un sujet d'humiliation et d'avilissement des choses même dont il se glorifie le plus. — Sa raison, ont-ils dit, ne sert qu'à l'agiter, sa prévoyance qu'à l'affliger, et son industrie qu'à multiplier ses besoins, et ils le mettent au-dessous de tout ce qui respire par les tourments qui le brisent sans cesse et qui font de lui un enfer permanent.

D'autres, moins exclusifs dans la manière d'envisager le genre humain, se sont attachés à observer la nature et ont cru y découvrir tant d'uniformité, qu'ils n'ont pas hésité à confondre les hommes avec les autres animaux. C'est également de la terre, disent-ils, que les uns et les autres ont été produits ; c'est elle qui fournit également à leur subsistance, et c'est dans son sein qu'ils retournent tous indifféremment après la dissolution de leurs organes. — La nature leur a donné à tous une même origine, comme elle les a tous assujettis aux mêmes besoins, en leur préparant à tous une même fin, la mort ! !

Nous nous arrêterons là de ce simple aperçu sur l'origine et l'ancienneté du monde ; plus tard nous en donnerons un plus grand développement dans le but d'intéresser et d'instruire le lecteur; car ignorer ce qui s'est passé avant nous, a dit un savant, c'est être toujours enfant...

Maintenant nous allons reprendre le cours de nos leçons par le

Deuxième Plan du Gilet. Fig. IK.

Une fois l'emmanchure et l'épaulette tracées régulièrement, on procède aussitôt aux longueurs et aux grosseurs; on commence par tirer la longueur de la hanche, en sortant d'abord 6 cent. pour la moitié de la largeur du haut du dos, puis on place la mesure sur la pointe de l'épaulette et l'on marque la longueur de hanche 60, à 5 centimètres de la ligne perpendiculaire, puis à 3 centimètres au-dessus du point 5. On marque 6 pour former le creux de la hanche jusqu'au point 5, puis à partir du creux de la hanche on tire une ligne droite qui va joindre le bas de l'emmanchure, 1 centimètre en avant du point 24. Le côté et la hanche terminés, on trace aussitôt la longueur du devant comme celle de la hanche, c'est-à-dire en laissant sortir les 6 centimètres pour la largeur du haut du dos, et l'on marque la longueur 65. Une fois ces deux longueurs établies, on procède de suite à la grosseur du bas, 21 pour 42, on place ces 21 horizontalement à partir du creux de la hanche, et où ils s'arrêtent, fixe la grosseur du bas; puis ensuite on établit la largeur de poitrine en prenant la hauteur de l'emmanchure du point 5, au point 24, cette distance, quelle que soit la force de l'homme, fait toujours la largeur de la poitrine en la plaçant horizontalement à partir du point 9 1/2, qui est la largeur de l'emmanchure, une fois la poitrine marquée, on fixe le bas de l'encolure à environ 9 centimètres de la première ligne horizontale; lorsque tous ces points sont posés régulièrement, on trace le devant du gilet à partir de la pointe de l'épaulette et en passant sur chacun d'eux. Ici finit le deuxième plan du gilet.

Troisième Plan du Gilet. Fig. L.

Le devant une fois tracé, on lui donne le genre et la forme que l'on désire, car alors rien ne peut le déranger pourvu que l'on ne touche pas à son aplomb. Le devant une fois tracé, disons-nous, d'après l'application des mesures, on procède aussitôt à la formation du dos de la manière suivante : on commence par prendre la distance du milieu de l'emmanchure 9 1/2 jusqu'au point 5, qui est la pointe de l'épaulette. Cette distance de 9 1/2 placée légèrement en biais à partir du point 5, ainsi que de la ligne horizontale du haut, forme le haut de l'emmanchure du dos, et à partir de ce point on complète l'emmanchure en allant joindre le point 24. Après que l'emmanchure est faite, on fixe la largeur de l'épaulette en prenant la distance du milieu de l'emmanchure jusqu'à la ligne horizontale qui est de 14 1/2; ces 14 1/2 se placent, un bout sur la pointe de l'emmanchure du dos, et l'autre bout sur la ligne horizontale, sans rien ajouter, puis l'on cintre doucement cette distance, qui forme juste l'épaulette du dos; puis, sur la ligne horizontale, on marque 6, puis on prend la distance du point 6 à la ligne perpendiculaire, puis on reporte cette même distance dans le bas de la ligne perpendiculaire en face le point 60 ou 5, et où s'arrête cette distance on marque un point, puis de ce point, au point 6 qui fixe la largeur du haut du dos, on tire une ligne droite, puis on trace le côté du dos semblable à celui du devant, c'est-à-dire qu'on lui fait également former le creux de la hanche, puis on termine le dos par la ligne du bas, que l'on arrondit sur le derrière afin de laisser une petite ouverture.

Alors seulement, lorsque le gilet est entièrement tracé, on applique les mesures, et si le tracé est régulier (ce qui n'est pas difficile), les grosseurs doivent se trouver justes, avec quatre centimètres de plus, pour les coutures et les remplis; autant pour la grosseur du haut que pour celle du bas. — Là, se termine le troisième et dernier plan du gilet.

Après la description du gilet vient naturellement celle du pantalon. Or, nous allons continuer notre leçon par la description du pantalon ordinaire, c'est-à-dire par le pantalon droit.

Tracé du Pantalon droit. Fig. M.

Le pantalon est depuis longtemps l'objet constant des soins de tous les tailleurs, qui pensent avec raison que cette partie de l'habillement mérite peut-être plus qu'une autre une attention sérieuse dans la coupe et dans la confection; ceci est un progrès incontestable, car, à une époque qui n'est pas encore bien éloignée de nous, ce vêtement, sur lequel se portent toutes les méditations de nos confrères, n'était alors qu'une chose secondaire pour eux, à laquelle ils ne portaient que peu ou point d'attention. Cette insouciance de leur part faisait que le pantalon n'était pas toujours gracieux, soit en donnant aux jambes une apparence de difformité qu'elles n'avaient point, soit en cachant leur forme par une largeur outre mesure, chose qui frappait d'autant plus l'homme de goût, qu'à cette époque les habits et les redingotes, habillés comme aujourd'hui, s'appliquaient sur le torse avec toute la régularité d'un corset, sans être néanmoins aussi serrés.

Les gilets aussi avaient reçu une amélioration qui devait les conduire à cette perfection qu'ils ont aujourd'hui. Les pantalons ne pouvaient donc rester dans l'oubli, quand toutes les parties de l'habillement suivaient l'impulsion d'un sage progrès; on comprit la nécessité de travailler à leur amélioration, quelques tailleurs s'en firent une spécialité ; dès lors, les pantalons devinrent le vêtement de prédilection de tout le monde. — Aujourd'hui, grâce au talent et à l'activité de quelques-ns de nos confrères, les pantalons ont atteint l'apogée de la perfection. Cependant, pour que cette perfection ait le résultat que l'on désire, il y a des règles desquelles il ne faut jamais s'écarter. 1° De prendre régulièrement les mesures. 2° Avant de tracer le pantalon, en fixer l'aplomb par une ligne perpendiculaire. 3° Placer avec une extrême prudence les mesures. La fourche et le derrière du pantalon, doivent être pour le tailleur, l'objet d'une sérieuse attention. Ceci posé, nous allons procéder aux mesures et au tracé d'un pantalon droit. — Mesures : longueur depuis la hanche jusqu'au genou, 60 ; depuis le genou, en suivant, 105; longueur d'entre-jambe, 81 ; grosseur de ceinture, 42, grosseur de cuisse, 34, grosseurs du bas, 22. Il est bien entendu que les grosseurs ne sont marquées que la moitié de leur valeur.

Une fois certain des mesures, on opère de la manière suivante : on commence par tirer une ligne perpendiculaire ou verticale à une distance voulue ; puis, sur cette même ligne, on marque la longueur de la hanche jusqu'au genou, et du genou jusqu'au bas, et à chacun de ces points on tire une ligne horizontale, puis on marque la longueur d'entre-jambes, en plaçant un bout du centimètre dans le bas de la ligne verticale et en faisant remonter le centimètre sur cette même ligne juqu'au point 82; à partir de ce point, on marque horizontalement la largeur de la fourche, qui est toujours de 6 centimètres, pour une grosseur de cuisse de 30 à 36 cent.: cette largeur une fois fixée, entre ce point et celui qui marque la hauteur de l'entre-jambes, on en marque un autre entre ces deux points de deux centimètres plus haut, ce dernier point fixe la hauteur de la fourche et fait toujours toucher le pantalon. La fourche se fait en passant sur chacun des points, à partir de la ligne verticale, puis du point 6 on trace l'entre-jambes, qui va en cintrant doucement joindre le point du genou 60, sur la ligne verticale, et à partir de ce point, on continue le tracé de l'entre-jambes jusqu'au point 81, point qui doit être placé à 2 centimètres en dedans de la ligne verticale. Une fois l'entre-jambes tracé, on trace le côté de la manière suivante : On commence par fixer la grosseur de ceinture, qui est de 21 pour 42, puis celle de cuisse de laquelle on retranche 2 centimètres. Or, la grosseur étant de 34, on ne met que 32, on retranche également 2 centimètres sur la grosseur du bas, 20 pour 22. Tous ces points une fois fixés, on trace le côté du pantalon, en passant sur chacun des points. Le devant tracé régulièrement, on prend la distance de la ligne d'aplomb au côté, vis à vis la fourche : cette distance est de 26 pour une grosseur de 32, or, la moitié de 26 est de 13, que l'on marque par un point, ce point 13 est répété sur le haut du devant à partir de la ligne d'aplomb, puis on tire une ligne verticale en passant sur ces deux points, qui dépasse le haut du devant de 10 centimètres; ces 10 centimètres fixent tout à la fois la hauteur de la hausse et l'aplomb du derrière, et de ce point on complète la grosseur de ceinture avec 3 centimètres de plus. en allant sur le côté, ce qui donne au pantalon tout le renversement nécessaire; le haut du derrière une fois fixé, on termine ce dernier en mettant 4 centimètres devant le point 6, qui est la largeur de la fourche, puis en face le point du genou on met 3 centimètres, et en face celui du bas 2 cent., puis on opère la même chose sur le côté, c'est-à-dire comme à l'entre-jambes, on met 4 centimètres en face la grosseur de cuisse, 3 en face du genou, et 2 en face le bas; (ces proportions varient selon la grandeur de la fourche) puis, quand tous ces points sont marqués, on trace la ligne du côté, à partir du point du renversement en passant sur chaque point; on trace ensuite le derrière du pantalon, puis l'entre-jambes comme le côté. Pour le bas, il se fait selon la mode ou la fantaisie du tailleur. Voilà pour le pantalon ordinaire, et la fin de la première partie de la méthode. Dans la seconde partie se trouveront les développements de la première partie, et le tracé de toutes les grandes pièces et la continuation des pantalons; dans la troisième et dernière partie se trouvera l'exposé de toutes les difficultés de la coupe.

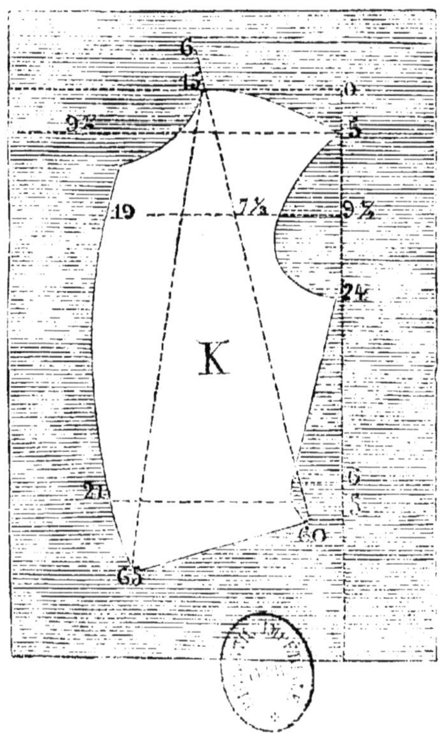
6
15
0
5
19
24
K
6
5
60
65

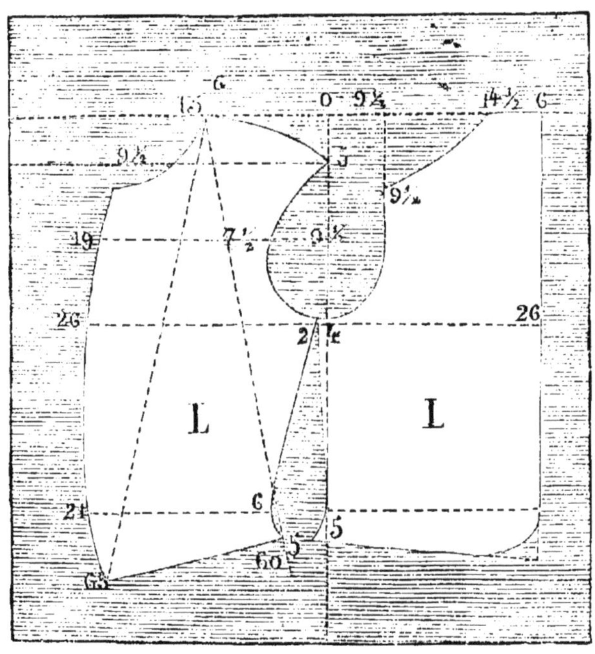
6
15
0
9½
14½
6
9½
9½
19
7½
9½
26
26
2½
L
L
21
6
5
5
60
65

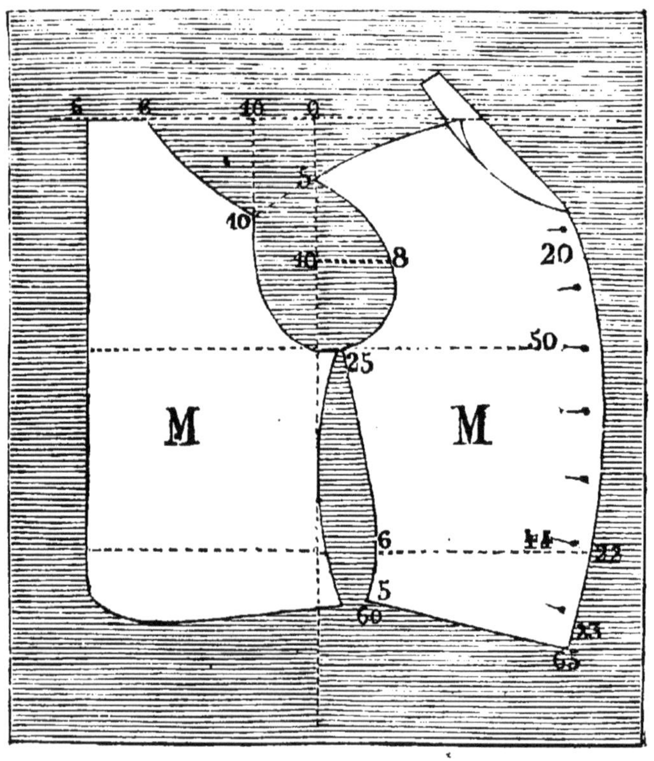
6
6
10
0
5
10
40
8
20
50
25
M
M
6
5
60
65

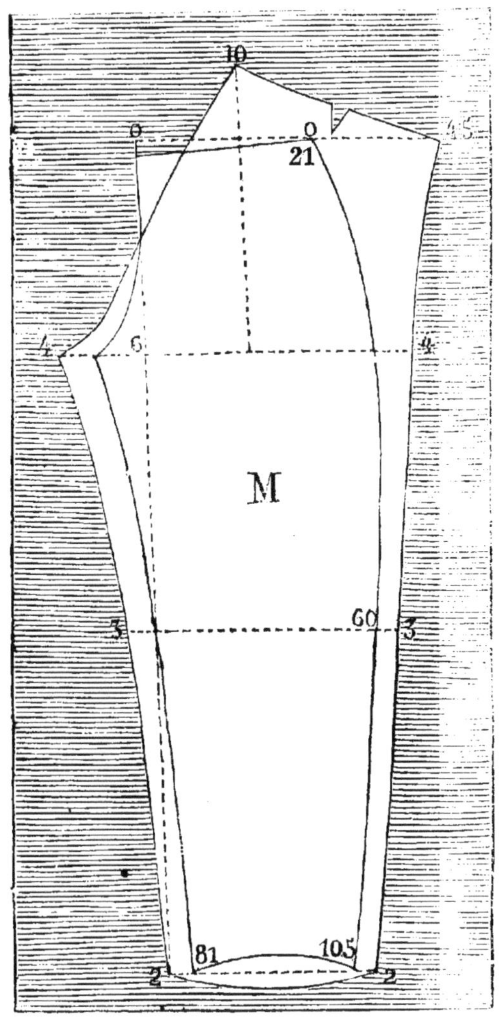
10
0
0
45
21
4
6
4
M
3
60
3
81
105
2
2

DEUXIÈME PARTIE

PREMIÈRE LEÇON

La coupe, comme la mode, nous l'avons dit souvent, semble rester stationnaire, cela tient sans doute à ce que l'une et l'autre sont arrivées à ce moment suprême où le progrès, suivant toujours la même ligne, n'a plus aucune action sur la marche d'un art quel qu'il soit! Cependant, si la forme de nos vêtements, d'après nos habitudes et nos mœurs, est aujourd'hui à l'apogée du goût et du confortable, pense-t-on qu'il en soit de même de notre coupe? Nous répondrons sans hésiter : non! et cette négation ne peut surprendre, lorsqu'on réfléchit que depuis longtemps la coupe est réduite presque à l'état de routine, soit au moyen d'une méthode apprise ou à l'aide de combinaisons formées de soi-même, desquelles on ne sort jamais, une fois classées dans la mémoire. Chose étrange pour des hommes de goût, on n'a rien fait pour en sortir; en voici la preuve : ce que l'on coupait il y a dix ans avec une infinité de retouches, se coupe aujourd'hui avec les mêmes défauts. — Est-ce là, nous le demandons, la marque d'un progrès? Cela témoigne au contraire que nous ne sortons pas de l'ornière où l'habitude nous maintient malgré nous, et que notre indifférence sanctionne.

Établir un corsage avec aplomb et avec d'élégantes proportions, n'est pas chose difficile sans doute, mais quand vient l'application rigoureuse, on reconnaît alors les difficultés insurmontables qui se trouvent entre la coupe et l'essayage; difficultés qui déroutent et découragent souvent les plus habiles praticiens.

Ces fâcheux désagréments proviennent de ce qu'on s'occupe plutôt du dessin que de la réussite, et qu'on néglige toujours le fond pour la forme, car il est certain, qu'en portant une attention plus sérieuse à nos résultats, nous aurions depuis longtemps trouvé, assurément, que notre manière de couper, ou celle de prendre les mesures était fausse, ou même les deux ensemble. Il faut bien qu'il en soit ainsi, puisque continuellement il se trouve une différence entre la coupe et la conformation que nous voulons habiller, et si nous parvenons à les mettre d'accord, ce n'est qu'après avoir remanié notre coupe et l'avoir rendue méconnaissable à son point de départ.

Puisque toutes les conformations sont plus ou moins irrégulières, et que ces irrégularités constituent les obstacles contre lesquels notre coupe échoue, sans cesse, donnons donc à cette dernière une autre direction, qui sera peut-être moins brillante, mais plus certaine, qui aura moins d'académie, mais plus de naturel. Sans doute qu'une coupe de ce genre n'aura pas une emmanchure d'un ovale parfait, ni des épaulettes et des côtés à courbes régulières, mais elle ira parce qu'elle sera faite pour la conformation et non la conformation pour elle.

Si les hommes avaient gardé les belles proportions qu'ils reçurent en sortant des mains du Créateur, certes notre coupe mathématique serait parfaitement applicable, mais hélas! depuis cette époque, l'espèce humaine a singulièrement dégénéré, et n'a conservé aucune de ses proportions primitives. Or, vouloir lui donner ce qu'elle a perdu, serait de notre part, un orgueil déplacé; il ne nous appartient pas de refaire la nature, seulement nous devons la suivre et l'observer dans ses divers changements, afin de pouvoir être toujours à même de nous plier à ses exigences.

La coupe étant susceptible de changer selon les époques, les besoins, et surtout selon les conformations, ne peut, ni demeurer stationnaire, ni atteindre à aucune perfection durable; sa mobilité l'entraîne à de continuelles variations, qui, se détruisant et se régénérant les unes par les autres, nous obligent à la suivre et ne nous permettent pas de chercher à la fixer.

Toutes les méthodes de coupe ont pour objet d'abréger la peine qu'avait autrefois le coupeur, mais toutes étant basées sur un plan uniforme et invariable ne peuvent se plier aux difformités trop nombreuses du corps humain, il faut donc dans certains cas, aider leur efficacité en dépassant ou en ajoutant aux lignes trop rigoureusement combinées, même pour le torse le mieux fait. Or, si le torse le mieux fait a des imperfections, à plus forte raison celui qui est mal fait; donc une méthode suivie de point en point ne peut donner qu'un résultat incertain, puisqu'elle se trouve par sa régularité mathématique en opposition avec la construction du torse qui a toujours quelques défectuosités propres à contrarier le résultat immédiat de la coupe. Exemple :

Un jeune homme de quinze à seize ans, maigre, aussi gros du bas que du haut, les bras minces, les omoplates ressorties, les reins creux et d'une tenue légèrement courbée. Un torse de ce genre n'a certainement aucune proportion géométrique, et si le corsage était exécuté rigoureusement d'après une méthode, il est évident qu'il n'irait pas. Il faudra, pour réussir, que non-seulement la méthode soit modifiée, mais que les mesures qui la dirigent le soient également; car ces dernières, si bien prises qu'elles soient, ne sont pas assez nombreuses pour indiquer toutes les imperfections d'un torse. Elles ne peuvent donner que les grosseurs, les longueurs et la tenue, mais entre ces trois choses, que de défauts se révèlent à l'œil exercé, qui obligent le coupeur intelligent à sortir des règles mathématiques pour obtenir un résultat parfait! Mais laissons ces réflexions, nous y reviendrons dans la prochaine leçon. Un mot seulement sur le tracé du corsage que nous avons annoncé en commençant cet article. Pour une tenue de ce genre, la coupe doit être droite et parfaitement d'aplomb, l'emmanchure petite, un peu allongée, creusée sur le devant; le haut du côté bien rentré, c'est-à-dire bien abattu et très-peu de pointe au côté; le côté doit suivre régulièrement celui du dos, c'est-à-dire qu'il doit être coupé dans les mêmes proportions, et il ne doit y avoir entre eux qu'une très-faible distance; une pareille tenue étant peu cambrée, le côté doit être coupé droit et à peine arrondi ainsi que nous venons de le dire; l'épaulette doit être légèrement tendue du haut, du côté de l'encolure, et ne doit avoir qu'une largeur juste à l'épaule; l'encolure doit être courte, un peu basse; la poitrine doit avoir peu d'ampleur et doit être presque coupée droite. Le suçon du petit côté est indispensable, mais excepté celui-ci, il ne faut de suçons nulle part, et pour que ce corsage réussisse parfaitement, il doit être fait naturellement, sans tension ni embu. Pour la coupe de ce corsage nous prions le lecteur de voir la *fig.* N.

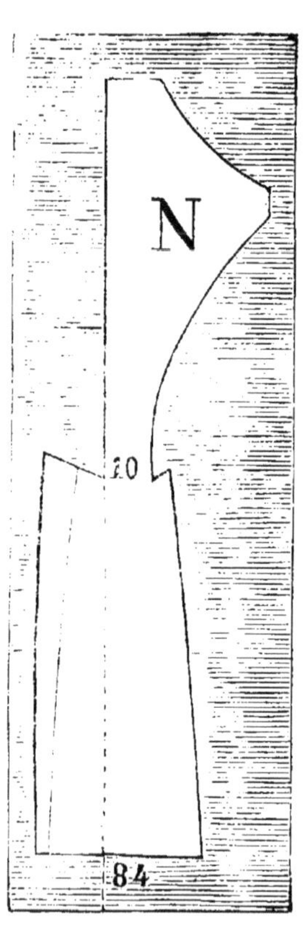
N
10
84

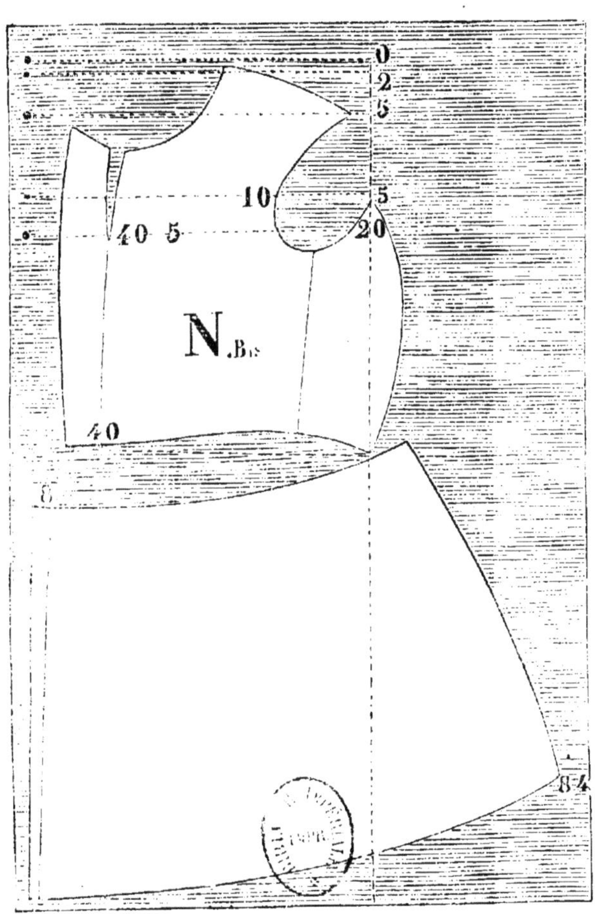
0
2
5
10
5
40 5
20
N.Bis
40
8
84

DEUXIÈME LEÇON

La mode, a dit Roubaud, est un usage régnant et passager, introduit dans la société par le goût, la fantaisie et le caprice tandis que la vogue, ajoute-t-il, est un concours excité par la réputation, le crédit, l'estime, et la préférence donnée aux autres objets du même genre.

Nous ignorons ce qu'entendait Roubaud, par cette distinction de la mode et de la vogue, attendu que pour nous, comme pour beaucoup de gens, le mot vogue n'est autre chose que la mode ou le caprice du moment ; car, en indiquant par exemple, que tel ou tel tissu est en vogue, nous entendons très certainement dire, qu'il est à la mode : nous pensons de même des femmes et des hommes qui se font remarquer dans le monde. Or, la mode et la vogue ne sont qu'une seule et même chose, mais cette chose toute frivole qu'elle puisse paraître aux yeux du sage, n'en gouverne pas moins le monde.

La mode fait et défait les réputations, commande partout en souveraine, et les rois, comme les plus humbles de leurs sujets, se soumettent avec respect à ses moindres décrets comme à ses plus petits changements; elle est de tous les pays, de tous les climats, comme elle est de toute les conditions et de toutes les fortunes, et se simplifie ou se multiplie selon l'homogénéité ou l'hétérogénéité des peuples qui composent chaque état, et si petit qu'un état soit, elle lui conserve en outre comme un monument historique le type de son costume primitif, et c'est sur ce costume national que les voyageurs et leurs historiographes désignent les peuples qu'ils veulent nous faire connaître.

La mode, aussi adroite politique, qu'habile coquette, sait se plier aux mœurs, aux habitudes et au goût de chacun, et à chacun donne selon son caractère, son ambition, ou son désir de plaire, des oripeaux, des costumes graves et sévères et plus souvent encore des excentricités incompatibles avec la raison, mais qu'une folle jeunesse acclame toujours avec transport comme une nouvelle merveille, qu'une autre doit renverser le lendemain, car c'est ainsi que la mobilité de l'esprit humain court sans cesse après l'idéal de l'impossible, c'est-à-dire après des nouveautés qui n'existent bien souvent que dans l'imagination.

Notre intention n'est pas de faire ici l'historique des modes qui se sont succédée dans tous les pays, depuis le commencement du monde ; ce serait nous imposer une tâche trop grande et sans utilité pour nos lecteurs comme sans aucun fruit pour leur travail ; nous voulons simplement donner un aperçu rapide des pays de l'Europe où la mode s'est le plus inféodalisée, et où ses transformations se sont le plus manifestées depuis 70 ans environ, à cet effet nous allons commencer par la France, et remonter un siècle plus haut ; pour elle seulement, afin d'examiner si réellement elle a créé beaucoup d'innovations et si nous lui devons tous les costumes qui existent aujourd'hui, ainsi que bon nombre de nos collègues l'assurent sans autre examen que leur orgueil national, qu'ils croiraient compromettre, en avouant que, la plupart nous ont été donnés par nos voisins d'outre-mer, et par d'autres pays non moins favorisés de la mode, ainsi qu'on va le voir par ce qui suit :

Sous Louis XIV, une révolution aussi salutaire que radicale s'opéra dans nos costumes, et pour la première fois parut l'habit, dit, à la Française, qui était réellement une invention française, ainsi que la veste, ou gilet, qui se portait dessous ; pour la culotte, elle n'était autre chose qu'un vêtement modifié par nous, car nous n'en fûmes jamais les auteurs, et nous croyons avec raison que les Espagnols pourraient à juste titre la revendiquer comme leur œuvre malgré cela nous n'en étions pas moins les auteurs de deu vêtements nouveaux, et les régénérateurs du troisième, que par toute l'Europe on s'empressa d'adopter; en vérité, on ne pouvait rien faire de mieux, et ce début devait nous présager les plus heureuses espérances pour l'avenir des modes françaises.

Excepté quelques légères modifications, ces trois vêtements qui composaient une toilette complète, figurèrent avec honneur sous le règne de Louis XV, et jusqu'à la fin de celui de Louis XVI, époque où ils reçurent une transformation nouvelle, en rapport avec les idées du jour, dans lesquelles il entrait plus de burlesque que de raison, mais, qui néanmoins, étaient le commencement d'une ère nouvelle; d'où le progrès devait bientôt faire sentir sa bienfaisante influence sur toutes les classes de la société.

A partir de 92, jusqu'à 1800, la mode, de la plus étrange absurdité, fut portée jusqu'au délire de l'exagération, et c'était à qui se rendrait le plus ridicule en portant des vêtements de l'excentricité la plus folle, que la passion seule enregistrait, mais que la raison rejetait comme la manifestation de la démence la plus complète de cette malheureuse époque.

Pendant le cours de ces huit années d'espérance et de crainte, de pensées et d'actions différentes, la mode ne put réussir à donner un costume nouveau, d'une innovation française; c'était toujours les mêmes costumes qui figuraient; seulement avec un peu moins d'ampleur qu'autrefois; un collet à la saxe qui n'était pas de notre invention, et quelques entailles pour former des crans et des revers, voilà tout! Ainsi donc, la France n'avait rien inventé depuis plus de cent ans, elle n'avait fait que transformer son œuvre, sans songer à la remplacer par une autre, ou de lui donner un corollaire pour ôter cette uniformité de la toilette.

Les Anglais, vers cette époque créèrent un vêtement, espèce de redingote à longues jupes, descendant jusqu'aux talons, n'ayant aucune ampleur et ouvrant derrière et devant, auquel ils donnèrent le nom de *lévite*, qu'ils remplacèrent plus tard, par celui de, *Anglaise*, et remplacèrent encore ce dernier, par celui de, *redingote* (*riding-coat*) que ce vêtement porte aujourd'hui, après avoir subi bien des modifications.

Depuis longtemps l'Espagne nous avait doté de son riche et magnifique manteau rond. L'Angleterre nous fit cadeau de son élégant carrick à cinq et six collets étagés les uns sur les autres, et nous, afin de rivaliser avec ces deux puissances de la mode, nous fîmes le manteau crispin ; voilà donc depuis cent vingt ans environ la troisième innovation française. Comme on voit, ce n'est pas marcher trop vite.

Vers la fin du règne de Napoléon Ier, l'usage du pantalon devint général et on abandonna sans retour la culotte courte. — Le pantalon ne fut pas non plus une innovation française, attendu que les italiens le connurent longtemps avant nous ; les Vénitiens l'appelaient *pantaloni*, par respect pour leur patron, qui était autrefois saint *Pantaléon*.

En 1815, après la seconde invasion des troupes étrangères dans notre beau pays de France, on vit tout à coup surgir des habits à l'anglaise, des habits à la russe, des pantalons cosaques, des pelisses russes, des polonaises richement chamarées, ainsi que des pantalons hongrois, en un mot, on vit des vêtements de tous les pays, excepté du nôtre.

De 1818 à 1830, tous les grands tailleurs parisiens furent pris tout à coup et simultanément du désir d'inventer de nouveaux costumes, mais malheureusement, tous échouèrent et ne produisirent que des choses éphémères qui n'eurent jamais de lendemain et qui s'oublièrent aussitôt, sans avoir laissé de traces.

Après 1830, les tailleurs perdirent cette tocade de l'invention, dans laquelle ils avaient si mal réussi, et se contentèrent d'habiller d'une manière rationnelle, c'est-à-dire plus conforme à la raison ; et restèrent avec les trois vêtements que, depuis cent cinquante ans, nous appliquons imperturbablement et invariablement aux modes de chaque saison nouvelle, avec la pensée intime d'accomplir une œuvre inédite, tant nous croyons dans notre amour-propre, que le plus léger changement de notre part doit être une merveille pour le public, et c'est peut-être cet orgueil poussé hors des limites de la raison, qui étouffe en nous le sentiment de l'inspiration, en nous rendant exclusifs, au point de nous faire croire que la mode nous est soumise, et que par conséquent elle doit se contenter de nos modifications si minimes qu'elles soient, comme autant d'oracles donnés par le bon goût ; et que, partant, il est inutile de nous fatiguer l'esprit à créer de nouveaux costumes ; c'est ce que nous avons fait religieusement depuis cent cinquante ans, avec la plus extrême jubilation.

Vers 1834, parut le paletot qui ne fut le produit d'aucune innovation, mais qui fut simplement copié sur celui des pêcheurs bretons qui le portaient depuis environ cinq cents ans. Après l'apparition de ce vêtement, que l'on coupa de cent façons différentes, nous vîmes paraître le twine, le cochemann, que l'Angleterre nous envoya, et ce pays si fécond en innovation, sachant allier le confort à l'élégance, depuis cette époque, nous a donné : le raglan, le gentleman, le dorsay, dont nous nous avons fait la jaquette, le mac-ferlan, le chantilly, etc., etc., et nous, nous en sommes encore de toutes nos innovations passées, présentes et futures, à l'habit, au gilet et au manteau crispin ; il est vrai que depuis leur création nous les avons modifiés sur tous les tons, sur toutes les gammes, et que nous en avons fait un grand nombre d'éditions sur petits et grands formats, pour tous les goûts et pour toutes les bourses ; mais toutes ces variations ne changèrent que la forme, le fond resta toujours le même.

Il nous semble que nos grands tailleurs français pourraient aussi innover, et donner chaque année, comme les tailleurs anglais, des modes nouvelles, plus en rapport avec nos besoins de chaque jour : Pourquoi ne le font-ils pas ? Pourquoi cette coupable indifférence ? Pourquoi disent-ils que Paris est le berceau de la mode et des innovations, lorsqu'ils refusent de produire les choses, même les plus ordinaires pour le perfectionnement de notre art.

Non, Paris n'est pas le berceau de la mode, ni des innovations, il est seulement le pays où toutes les modes de la terre peuvent le plus sûrement se mettre en lumière et avoir le succès de la nouveauté, que le Parisien aime pardessus tout. — Pour nous, préférant les petites choses aux grandes ; nous nous attachons minutieusement aux détails de la confection, et nous passons notre temps à fixer les renversement d'un revers et d'un collet, à en discuter la largeur et le résultat, à faire une boutonnière régulière, et à combiner le placement ou le déplacement d'un bouton, voilà tout ! mais pour tout ce qui regarde une invention ou une innovation, notre intelligence se refuse à une pareille fatigue, et nous préférons que nos voisins s'en occupent pour nous, et dormir plus tranquilles sur nos deux oreilles ! heureux artistes que nous sommes !... Mais en voilà assez pour les innovations françaises, revenons à notre méthode de coupe, et commençons notre leçon par l'homme *voûté*, fig. O.

Ainsi que chacun le sait, la largeur de l'homme voûté est plutôt portée sur le derrière que sur le devant ; ce qui oblige à une coupe tout à fait droite, à une emmanchure profonde et très évidée, l'encolure un peu basse, la poitrine presque droite et sans ampleur, et le devant plus court de deux centimètres de moins que pour un homme droit, voilà pour l'ensemble d'un corsage d'homme voûté ; voyons maintenant l'explication du tracé. — Prenant par exemple une grosseur de 50 du haut comme étant plus facile à diviser, c'est-à-dire n'ayant pas de fractions.

Ainsi donc, nous posons les mesures suivantes : longueur de taille, 50, largeur d'écarrure, 21, grosseur du haut, 50, grosseur du bas, 46 ; cette dernière grosseur paraîtra peut-être un peu forte, mais les hommes voûtés, par la construction de leur torse, se trouvent généralement quoique maigres, souvent, presque aussi gros du bas que du haut, parce qu'ils ont toujours les hanches très-fortes.

Comme toujours, avant de tracer le corsage, on commence par couper le dos de la manière suivante : comme pour le dos de l'homme droit on tire une ligne verticale de 48 ; au haut de cette ligne on en tire une autre horizontale de la largeur de vingt centimètres, puis on prend le tiers de la ligne 18, qui est de 16, on marque un centimètre au-dessus de ce point et l'on tire une ligne horizontale pareille à celle du haut, c'est-à-dire de la largeur de 20 centimètres; puis on ferme ces deux lignes par une ligne verticale qui finit de former le carré, et dans ce carré on établit l'épaulette comme pour l'homme droit, seulement elle se trouve moins large du centimètre que l'on a remonté au-dessus du tiers, et le haut du dos, au lieu d'être abattu d'un centimètre comme pour une tenue ordinaire, est au contraire élevé d'un centimètre au-dessus de la ligne horizontale; une fois l'épaulette tracée, on forme le côté comme celui de l'homme droit, seulement il est plus long d'un centimètre, par la raison que le tiers qui forme l'épaulette est plus court d'un centimètre; après avoir tracé l'épaulette et le côté aussi régulièrement que possible, on termine le dos par une ligne courbe à partir du haut, allant se perdre en mourant aux deux tiers et demi de la longueur; cette courbe complète la largeur de l'écarrure 21.

Le tracé du corsage de l'homme voûté s'exécute comme celui de l'homme droit : ce sont les mêmes lignes, les mêmes proportions d'abord ; puis, une fois la charpente du corsage régulièrement établie, on modifie l'emmanchure en haussant la pointe du côté d'un centimètre, ainsi que celle de l'épaulette ; puis on redresse cette dernière de deux centimètres, afin de rendre la coupe tout à fait droite ; ces points, ainsi marqués, changent complétement l'emmanchure, c'est-à-dire la rendent plus profonde et l'obligent à être davantage évidée sur le devant, et par ce moyen l'épaulette se trouve plus droite, ce qui convient à une tenue voûtée ; comme on voit, ce changement est des plus facile à opérer. Une fois l'emmanchure finie, on trace aussitôt son côté sur celui du dos, comme cela se fait ordinairement, ainsi que l'épaulette, dont on place la pointe du côté de l'encolure, entre les deux lignes horizontales, faites à deux centimètres l'une de l'autre. Le côté et l'épaulette tracés, on commence par fixer la longueur du devant, de 3 centimètres de moins que la longueur du côté, puis ensuite on marque les grosseurs; celle du bas,

45, est marquée juste, la largeur de la croisure doit être en plus, bien entendu ; à celle du haut, 48, on ajoute, comme pour l'homme droit, 5 centimètres en plus, sans compter aussi la largeur de la croisure que l'on ajoute après le tracé de la poitrine. Cette dernière se trace presque droite, et malgré les 5 centimètres de plus que la grosseur du haut lui donne, elle n'a qu'une ampleur juste aux proportions du devant, attendu que, selon les contours du dos, la grosseur du haut se manifeste naturellement sur le derrière et laisse le devant sans ampleur ; rien n'est donc plus facile que d'obtenir un changement radical et parfaitement approprié à la tenue que l'on désire habiller, au moyen seulement de quelques points combinés, qui vous donnent sans calcul aucun les proportions que vous désirez avoir pour une tenue de telle ou telle façon; car, la coupe pour une tenue renversée, n'est autre chose que la contre-partie de la tenue voûtée. Mais en voilà assez pour rendre nos démonstrations aussi claires que précises ; revenons au tracé de notre devant et disons : avant de tracer la poitrine on fait l'encolure ; cette dernière se trace un peu basse et se creuse plus que celle de l'homme droit ; une fois l'encolure fixée, on trace le devant presque droit, afin de ne laisser aucune ampleur gênante à la poitrine, puis on marque le revers de la forme et de la largeur que la mode prescrit, ou selon son goût. Quant à la jupe ou la basque de ce corsage, l'une et l'autre s'établissent absolument comme celles qui se font pour une tenue droite, attendu que les changements de tenue ne peuvent avoir lieu que dans la construction du corsage et non dans les parties qui composent les accessoires.

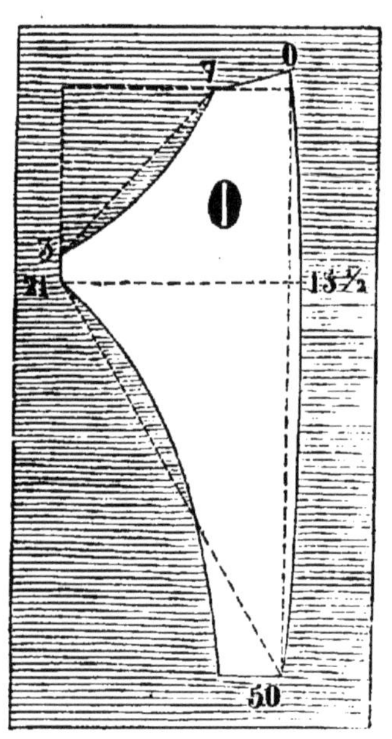
0
7
0
5
21
13 ½
50

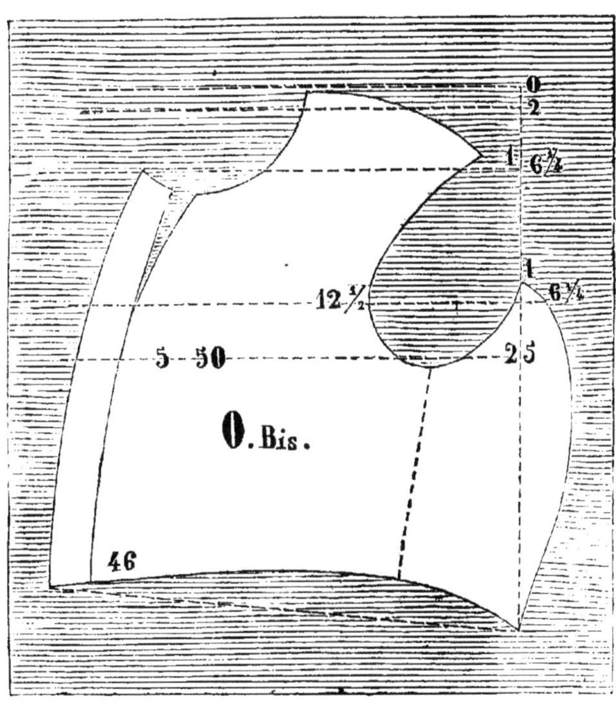
0
2
1 6¾
12½
1
6¼
5 50
2 5
0. Bis.
46

TROISIÈME LEÇON

Il y a environ huit mois, que nous soumettions à l'appréciation de nos nombreux lecteurs, le projet d'une académie, non-seulement pour l'instruction des jeunes tailleurs, mais surtout, afin d'engager les maîtres tailleurs et les professeurs de coupe à se réunir à nous, pour travailler en commun au grand œuvre de l'unité de la coupe, qui ne peut s'accomplir qu'avec le concours direct et organique, des hommes les plus compétents de notre profession qui peuvent seuls par l'union de leurs connaissances et de leur talent, créer un principe unique et universel ; c'est-à-dire une coupe qui ait pour tous, le même point de départ et le même résultat, en la plaçant sur une base invariable et indestructive ; alors il sera facile à chacun de nous d'arriver promptement à la perfection, n'ayant plus à combattre toutes les méthodes qui existent, si contradictoires entre elles, et si nuisibles à l'ensemble.

Un grand nombre de tailleurs amis de leur art, ont applaudi à notre projet et sont venus nous prier de le mettre à exécution comme le moyen le plus sûr d'arriver directement et sans encombre, à l'apogée de la coupe, qui, devenant la même pour tous, permettra à chacun d'atteindre le même but; dès-lors, tailleurs et clients gagneront à cette unité, qui, dès le jour où elle sera proclamée, deviendra la force et la puissance de notre profession.

Aussi, désireux d'adhérer aux vœux de ces hommes éclairés, nous élaborons en ce moment un projet qui, nous l'espérons, comblera toute lacune et nous conduira droit au but que nous désirons atteindre.

Mais, en attendant l'accomplissement de notre œuvre projetée, jetons un coup d'œil rétrospectif sur ce qui s'est fait jusqu'à ce jour.

En vérité nous ne savons comment expliquer l'indifférence des grands tailleurs envers leur profession ; eux, qui se sont toujours posés comme les apôtres du progrès. Hélas qu'ont-ils fait depuis le commencement du siècle ? rien, absolument rien, si ce n'est que des choses éphémères et sans lendemain, qui ne pouvaient avoir aucune action directe au perfectionnement de notre art, et cependant, ils pouvaient beaucoup, eux, les princes souverains de la profession ; ils pouvaient tout transformer et n'ont rien fait que copier; ce qui est plus facile sans doute, mais qui ne laisse pas que d'être un blâme à leur endroit ; car nous pourrions leur dire que tout homme, quelle que soit l'industrie qu'il professe, lorsqu'il se met à la tête de cette industrie, doit à ses collègues, c'est-à-dire à la corporation tout entière, non-seulement l'exemple du travail, mais doit donner à ce travail une directiou progressive et doit par des innovations constantes et permanentes, assurer la puissance de cette industrie en la rendant indépendante de tout secours étranger.

Voilà ce qu'aucun de nos grands maîtres n'a voulu faire; aussi, qu'est-il arrivé de cette incurie? C'est que, chacun s'est mis tout simplement à la remorque des modes anglaises et allemandes et n'a rien produit ; voilà où nous en sommes à l'heure qu'il est, et ce qui fait que depuis des années, confection, coupe et mode sont restés stationnaires. Cependant, il y a en France, de l'intelligence et du savoir ; il est donc honteux pour nous, d'emprunter aux étrangers ce que nous pouvons, sans contredit, mieux faire qu'eux.

En 1813, un homme d'esprit, disait : nos généraux sont trop riches aujourd'hui pour continuer la guerre; il faut qu'ils se reposent, et nommer à leur place des colonels pauvres ; alors nous aurons des chefs aussi actifs que braves, et bientôt la France enregistrera de nouvelles victoires.

Nous pourrions retourner les paroles de cet homme, et dire : si nos grands tailleurs sont trop riches pour travailler au perfectionnement de notre art, et à la création des modes françaises, qu'ils se retirent, et que les tailleurs secondaires prennent leur place, et se joignent à nous, et bientôt on verra l'unité de la coupe et les modes françaises dominer par toute l'Europe.

La réalisation de notre projet que nous nous bornons à indiquer quant à présent, sera, nous l'espérons, la manifestation la plus parfaite, la plus grande, et la plus directe de la marche ascendante du progrès, et l'art du tailleur entrant dans une ère nouvelle, foulera aux pieds cette routine ennemie de toute perfection, qu'une certaine société philanthropique nous fait subir depuis longues années, en trônant arbitrairement sur notre profession sans raison d'être, puisqu'elle n'a jamais rien fait, que nous sachions, pour la faire avancer; quant à ses créations, nous n'en voyons figurer les noms dans aucun dictionnaire français, ce qui nous autorise à croire qu'elle n'a rien inventé jusqu'à présent. — Du reste, nous reviendrons sur ce sujet dans le numéro prochain, et nous démontrerons la coupable indifférence dans laquelle notre profession a été abandonnée depuis plus de trente ans, quand l'Angleterre et l'Allemagne fondaient des sociétés d'émulation et d'encouragement au profit de notre art, et que Dresde élevait une académie européenne. Or, pourquoi ne sortirions-nous pas de cette torpeur, où l'ignorance ou le mauvais vouloir de quelques hommes nous a plongés? Pourquoi ne briserions-nous pas les liens de cette esclave routine pour nous élancer dans le vaste champ du progrès, où viendront bientôt se réunir toutes les intelligences artistiques de la profession de tailleur, pour planter le premier jalon d'une science inconnue jusqu'à présent; celle de l'unité de la coupe et la création des modes.

Bientôt nous espérons voir se grouper autour de nous tous les tailleurs qui ont le sentiment de leur propre force, et qui sont las d'emprunter aux étrangers ce qu'ils peuvent faire eux-mêmes.

Maintenant, reprenons notre méthode de coupe, et continuons nos démonstrations par le mac-ferlan; car, quoiqu'il ne soit qu'un vêtement de fantaisie, il a aussi sa raison d'être, non-seulement pour son confortable, mais aussi pour sa commodité, qui est incontestable; aussi restera-t-il longtemps encore au nombre des vêtements d'hiver.

La coupe du mac-ferlan, comme celle de tous les vêtements larges, demande plus d'aplomb que de précision dans ses contours.

On commence, comme toujours, par le dos, qui est d'une extrême facilité à couper, comme on peut le voir par la figure R. — On commence par établir la longueur du dos sur le bord du drap, puis on simule une longueur de taille, 48 par exemple, pour un homme d'une grandeur ordinaire; puis, on fixe la longueur totale à 106; en face de cette longueur on marque 60, qui est la largeur du bas du dos; puis, en face du point 48, on marque 40, et l'on met le haut du dos à 10 centimètres de largeur; puis on trace une ligne courbe en passant sur les points 10, 40, 60. Cette ligne complète le dos. Il est bien entendu que ce dos peut se modifier de grandeur et de largeur, selon les mesures, en commençant par la largeur du bas.

Après avoir tracé et coupé le dos on procède au devant, figure P, de la manière suivante :

On commence, comme pour le corsage, à tirer deux lignes horizontales à la distance de 2 centimètres l'une de l'autre; à l'extrémité de ces deux lignes, c'est-à-dire à la distance de la grosseur du haut, on tire une ligne verticale; puis on abat l'épaulette du quart de la grosseur du haut, comme on le fait pour le corsage ajusté : supposons 6 pour 24; puis, à partir de ce point, on double la distance et l'on marque 12 en descendant sur la ligne verticale; en face de ce point 12, on marque 13 pour former la largeur de l'emmanchure, et l'on descend cette dernière de 50 centimètres, à partir du point 6; cette distance est, du reste, proportionnée à la grosseur du haut, ce qui fait qu'elle se trouve plus ou moins basse en raison de la grosseur du haut. La largeur du devant, à partir du bas de l'emmanchure au bouton, est de 55 centimètres, et celle du bas de la jupe est de 70. Mais ces deux largeurs sont, comme la grandeur de l'emmanchure, subordonnées à la grosseur du haut du corps. Quant à la hauteur de l'encolure, la forme des revers, la largeur de la poitrine et le nombre des boutonnières qui doivent orner le devant, tout cela dépend de la mode et non de la coupe.

Après avoir tracé le dos et le devant, on complète ce vêtement par le tracé de la pélerine, figure Q, qui se coupe absolument comme le manteau-crispin, moins la longueur. Cette pélerine se fait plus longue sur le derrière que sur le devant; l'encolure se coupe sur celle du devant.

Celle que nous donnons ici a 85 centimètres de longueur sur le derrière, 80 sur la longueur du bras, et 70 sur le devant; quelquefois on garnit le devant de boutonnières, mais cet ornement se fait selon la fantaisie du tailleur.

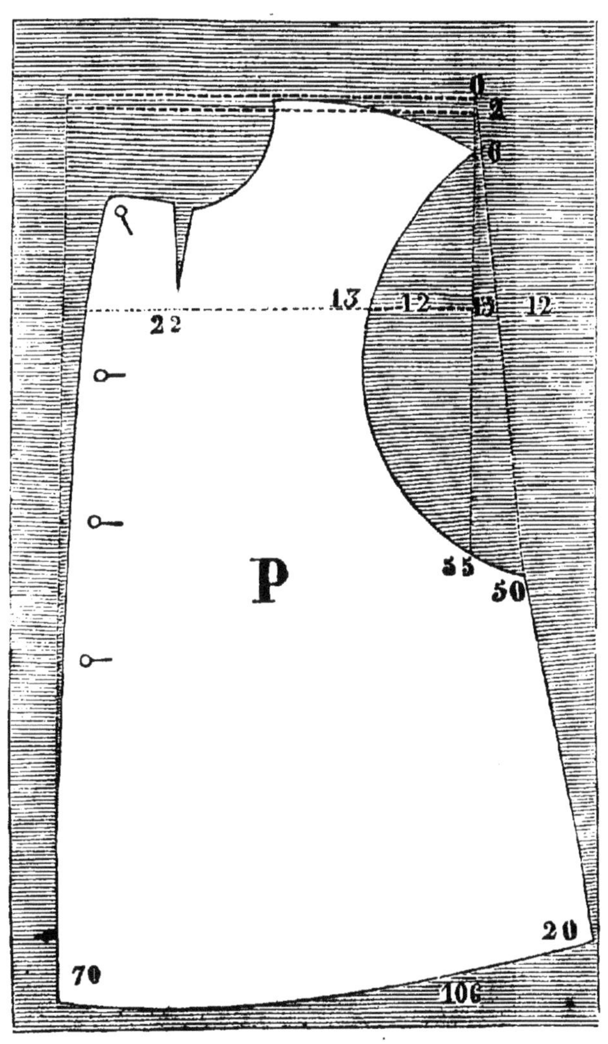
0
2
6
13
12
12
22
P
55
50
20
70
106

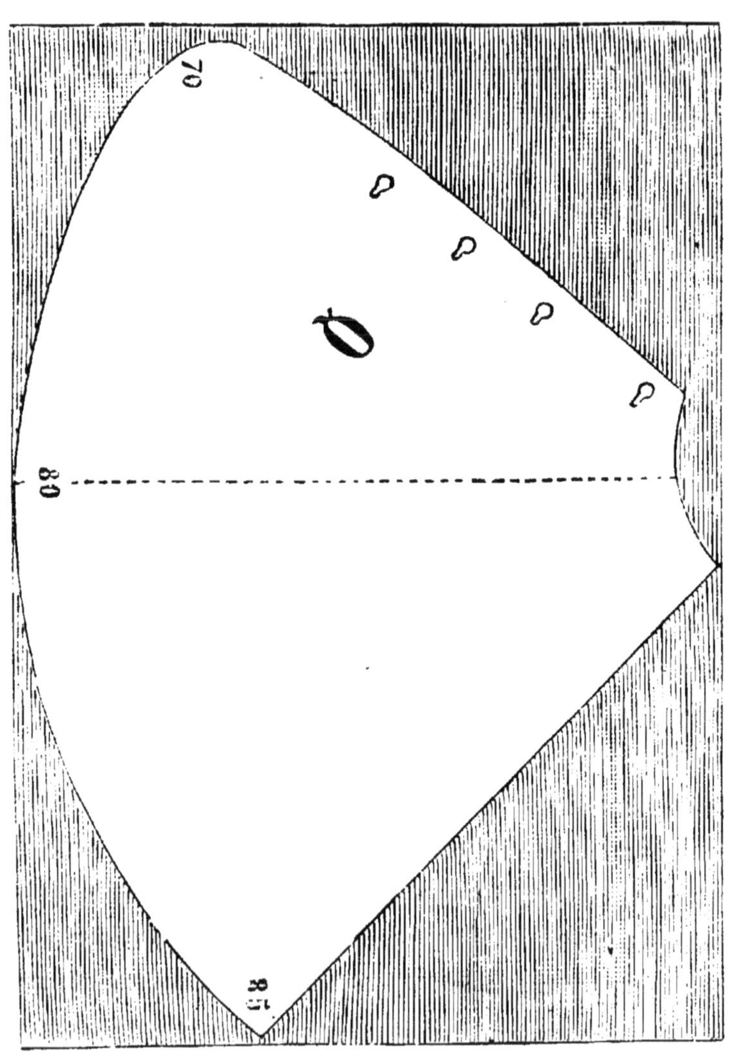
70
80
85

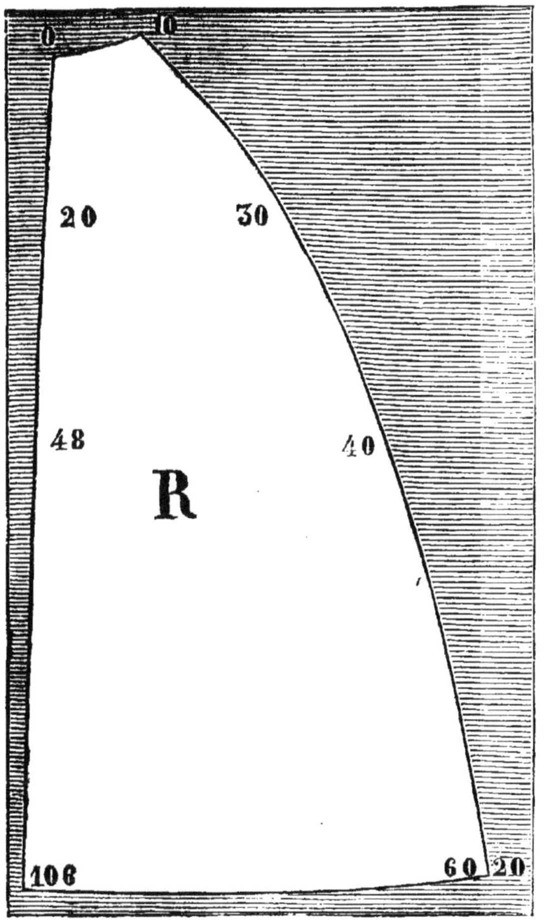
0
10
20
30
48
40
R
106
60
20

QUATRIÈME LEÇON

Jusqu'à présent, nous n'avons fait que généraliser les faits qui ont nui le plus directement au progrès de notre profession, et nous en avons plutôt fait l'objet d'une amusante critique, que le sujet d'un débat sérieux, en frappant de ridicule l'orgueilleuse vanité de certains hommes, qui se sont posés à la tête de notre corporation comme des géants, lorsqu'ils étaient à peine de chétifs pygmées, c'est-à-dire en voulant faire croire à un talent qu'ils n'avaient pas, ainsi qu'à une science qu'ils ignoraient, en un mot des nullités profondes dans le genre comme dans l'espèce, capables de tout détruire plutôt que de convenir de leur infériorité. Aussi malheur à la profession qui tombe en de pareilles mains, elle est assurée de rétrograder jusqu'au plus déplorable crétinisme.

Heureusement la vérité, tôt ou tard, se fait jour, et ces hommes à courte vue, et à intelligence étroite, finissent par rester dans l'oubli, ainsi que leurs systèmes anti-progressifs, et si l'on se souvient d'eux, ce n'est que pour plaindre l'époque où ils apparurent et le mal qu'ils firent par les fausses interprétations qu'ils donnèrent à l'enseignement de la coupe, et aux modes de leur pays; interprétations qui ne paralysèrent que trop souvent, les nobles inspirations de la marche ascendante du progrès. Aussi, n'est-ce pas avec eux, que nous venons aujourd'hui, discuter l'avenir de notre art; c'est avec des hommes sérieux et compétents qui, comme nous, ont souffert des abus, et de l'abandon dans lequel on a laissé notre profession depuis tant d'années, abandon aussi honteux que coupable, de la part de ceux qui se sont placés sans avoir qualité, comme les dispensateurs de la mode et comme les princes de la coupe pour lesquelles ils n'ont jamais rien fait, pas même les dégager des éléments hétérogènes, c'est-à-dire les affranchir de tout secours étranger, que leur indifférence et leur nonchalance ont accepté comme le complément obligé de leur travail.

Aussi, qu'est-il arrivé de cet envahissement étranger? C'est qu'aujourd'hui, et à l'heure qu'il est, nous ne sommes plus nous-mêmes, nous sommes tout simplement les copistes, ou pour mieux dire les singes des modes anglaises et allemandes; ce qui nous ravale singulièrement aux yeux de ces bons habitants d'Albion, qui s'imaginent dans leur naïveté nationale, que le ciel et la terre ont été créés exclusivement pour leurs menus plaisirs, comme nous, pour les imiter en toute chose, et cette croyance ridicule qu'ils portent à notre endroit, provient tout naturellement de l'inertie de quelqués hommes, qui ont trouvé, et trouvent encore plus commode, de faire porter des modes anglaises toutes faites, que des modes françaises à faire.

Il est certain, que pour des gens qui ne se sont jamais donné la peine de combiner une innovation, le premier moyen était préférable au second, abstraction faite toutefois de ce sentiment de nationalité, qui nous porte à préférer nos œuvres à celles des autres pays; ce qui est juste pour tout homme de cœur, mais qui est parfaitement indifférent à l'insouciante paresse, qui trouve son profit à prendre, n'importe où, les choses toutes faites, et non à faire, quel qu'en soit le résultat.

Cependant, nous sommes loin de nous opposer à l'importation des modes étrangères en France, au contraire nous les encourageons de toutes nos forces, mais nous voudrions, avant tout, voir les modes françaises prédominer sur les modes étrangères, du moins en France, non par orgueil, mais tout simplement pour prouver, que nous aussi, nous pouvons assurément faire des modes, belles, riches et parfaites, sans avoir besoin du concours des autres peuples, et que si notre talent d'innovation a été assoupi pendant de longues années, il n'en est pas moins resté aussi jeune, aussi pur et aussi puissant qu'autrefois. Or, si nous n'avons rien produit, et si nous ne produisons rien encore, la faute en est très-certainement à ceux qui se sont mis à la tête de notre profession pour la diriger. — A eux seuls donc, la honte et le remords, d'avoir comprimé par une résistance coupable et sans nom, ou par une ignorance déplorable, les inspirations du beau et du vrai, qui sont les attributs inséparables de la mode et de l'élégance, que le moindre encouragement eût développées et fait grandir, en ouvrant à tous les tailleurs le champ si vaste des innovations, que chacun de nous eût voulu parcourir à longues guides, afin d'accomplir au moins une fois une œuvre de régénération, c'est-à-dire une mode nouvelle au bénéfice de tout le monde.

Mais les hommes qui ont jusqu'à présent dirigé les hautes sphères de notre profession, sous bénéfice d'inventaire, soit mauvais vouloir ou incapacité, ainsi que nous venons de le dire, ont toujours préféré laisser marcher notre profession sous des auspices étrangers, c'est-à-dire d'après les inspirations anglaises, plutôt que de lui donner une impulsion progressive et nationale.

Pourquoi cette opiniâtreté anormale? pourquoi, lorsqu'ils pouvaient faire de notre profession une des premières de l'industrie, en lui donnant une direction artistique et toute française; pourquoi ne l'ont-ils pas fait, plutôt que d'emprunter modes et coupe à nos voisins d'outre-mer, lorsque nous pouvions faire aussi bien, et peut-être mieux qu'eux?

Il existe à Paris une société d'émulation et d'encouragement, qui a pris pour base le perfectionnement et le développement de notre profession, ainsi que la création des modes françaises. Elle est, dit-on, composée de quatre à cinq cents membres, tous choisis, d'un talent reconnu et incontestable, à ce qu'on assure. Ce bataillon sacré s'est constitué non-seulement pour fournir les modes à 100,000 maîtres-tailleurs régulièrement établis en France, mais aussi pour encourager et sanctionner d'avance leurs cent mille méthodes ou inventions (en n'en comptant qu'une par tête, ce qui n'est pas trop exagérer).

En vérité, une pareille institution était évidemment l'essence de notre art, parce qu'elle renfermait en elle la science de toutes ses perfections, c'est-à-dire progrès, travail et richesse. Aussi, avons-nous tout d'abord applaudi à sa création en souhaitant que son programme fût religieusement exécuté dans l'intérêt de la corporation tout entière, qui devait rapidement fleurir sous une institution aussi éclairée que philanthropique. Mais, malheureusement, si nos renseignements sont exacts, aucune des conditions du programme n'aurait été remplie jusqu'à ce jour, et ce bataillon sacré en serait encore à la première étape de ses promesses.

Cependant, Dieu nous garde de jeter un blâme sur cette institution, ainsi que sur les membres qui la composent, car nous les croyons tous pénétrés des meilleures intentions envers notre profession ; seulement ils ont cru qu'on ne pouvait imaginer d'autres modes, que les modes anglaises, et que les Français ne pouvaient en porter d'autres, sans compromettre leur dignité d'élégance, voilà pourquoi sans doute ils ont fait leur travail, plutôt par intuition que par inspiration, et sont restés stationnaires par ignorance ; mais néanmoins, ils devaient savoir que tout homme qui se pose comme le régénérateur d'un principe ou d'un système quelconque, doit avant tout éviter la routine, ne prendre rien à autrui et s'ouvrir une voie nouvelle et progressive s'il veut arriver dignement au but et rester le premier d'entre les siens ; du reste, tout le monde sait qu'une volonté suprême conduit à tout, même aux choses impossibles ; mais hélas! sous ce rapport, comme sous beaucoup d'autres, ces messieurs se sont montrés de la plus grande faiblesse et sont presque toujours restés au-dessous de leur réputation, écrasés qu'ils sont par le monument que leur vanité a élevé, et dont leurs mains débiles ne peuvent soutenir le poids ; aussi n'ont-ils rien fait de remarquable que nous sachions. Leur comité de rédaction n'a jamais écrit un mot tendant à modifier la coupe afin de l'établir sur un système unique et universel.

Quant à leur comité des modes, tous les tailleurs savent de science certaine qu'il n'a jamais rien inventé, si ce n'est le placement ou le déplacement d'un bouton, d'un revers plus ou moins renversé, plus ou moins large, ou plus ou moins pointu, d'une bordure posée de telle ou telle façon, ainsi que d'une ampleur plus ou moins grande selon les besoins de la saison ; mais là encore ce ne sont que des modifications de détails, qui ne constituent pas une mode nouvelle, attendu que le fond reste toujours le même ; aussi, malgré les changements qu'on a pu faire subir aux parties de détails du twine, de la jaquette, du chantilly, du mac-ferlan, etc., etc., la forme de ces vêtements se reconnaît toujours, et chaque nom reste dans la mémoire, nonobstant les qualifications barbares qu'on leur donne, pour en faire des vêtements nouveaux. Et cependant, pour arriver à ce mince résultat, ce comité, dit-on, tient ses séances secrètes afin de délibérer dans le plus grand calme et sans opposition, son œuvre de modifications, et s'endort doucement, en se mettant à la remorque des modes étrangères, qu'il croit dans son sommeil avoir inventées, parce qu'il a fait un revers à pointe arrondie, de carré qu'il était.

Voilà donc le résultat de toutes ces promesses pompeuses, qui devaient transformer notre profession en un vaste champ de jouissance, et faire de chaque tailleur un génie de perfection et de bonheur.

Il semble vraiment que tous les hommes qui se sont mis à la tête de notre profession se soient donné le mot pour la rendre stationnaire ou la faire rétrograder ; cet état de choses ne peut se continuer plus longtemps, car on ne peut être dupe éternellement de promesses sans résultat ; il faut donc un terme à ces errements ridicules, et ce terme, nous venons enfin l'annoncer aujourd'hui à tous les tailleurs français, en leur faisant savoir qu'une académie des modes françaises vient de se créer sous le patronage des tailleurs les plus capables de Paris, ainsi que des hommes les plus versés dans notre art. Cette académie, nous en sommes certains, fera plus que de déplacer un bouton; elle déplacera l'édifice des modes étrangères au profit des modes françaises, et chassera pour toujours cette affreuse routine que l'on nous imposait depuis si longtemps, et qui aurait indubitablement fait tomber notre profession en quenouille, c'est-à-dire que, comme autrefois, les femmes s'en seraient emparées, et la réflexion de Jean-Jacques Rousseau se serait vérifiée, lui qui disait qu'une aiguille convenait mieux à une femme qu'à un homme.

Dans notre prochaine leçon, nous ferons connaître le but progressif que désire atteindre cette nouvelle institution, ainsi que l'ordre de ses travaux, ses statuts, son organisation, sa marche ascendante et l'influence qu'elle doit avoir sur notre profession par son instruction morale, philosophique et professionnelle, ainsi que par la publication de ses modes, qui seront toujours confiées aux plus grands maîtres de la capitale; en un mot, cette académie sera non-seulement l'enseignement le plus parfait de l'art du tailleur, mais en sera aussi la protectrice et l'amie sincère, en le dirigeant constamment dans le sentiment du vrai beau.

Maintenant que nous avons dit notre dernier mot sur une société de tailleurs qui existe à Paris depuis quinze à vingt ans, nous allons reprendre le cours de nos leçons de coupe par la jaquette-chantilly. Ce vêtement, aussi commode que coquet, convient parfaitement pour toilette du matin, ainsi que pour la promenade à cheval; sa forme est gracieuse et convient à un jeune homme.

Le Chantilly n'est autre chose que la jaquette modifiée par un prolongement de taille, qui raccourcit tout naturellement les basques; cette opération se fait de la manière suivante :

Figure S, dos du chantilly. Ce dos se fait, comme celui de l'homme, droit; c'est-à-dire que l'on commence à le tracer, comme le dos ordinaire, à partir de la nuque jusqu'à la hauteur des hanches; or, nous supposons une taille de 48 comme étant plus facile à diviser; nous en prenons le tiers à partir du haut, 16 pour 48 : à ce point 16, on tire une ligne horizontale de la largeur de l'écarrure, qui est de 20 dans cette circonstance, mais qui peut être plus ou moins large selon la grosseur du haut, comme la longueur du dos peut être plus ou moins longue selon la grandeur du client ; alors le tiers se trouve plus ou moins grand en raison de la longueur du dos ; mais ici il est juste et n'a pas besoin de fractions. — La largeur de l'écarrure une fois fixée, on répète cette largeur sur la ligne horizontale du haut, et l'on joint ces deux lignes par une ligne verticale qui forme un carré, comme nous l'avons expliqué dans notre première leçon de cet ouvrage. Ce carré une fois fait, on établit la largeur du haut du dos en lui donnant toujours le tiers de la largeur de l'écarrure, quelle que soit cette largeur ; puis, cette largeur du haut du dos (6 2/3) donnée, on en prend le tiers pour former la largeur de la petite carrure ; tous ces points une fois marqués, on tire une ligne droite du point 6 2/3 au point 2, et du point 20 au point 48, puis on trace derrière cette ligne l'épaulette et le côté, en abattant toujours 1 centimètre du haut ; puis, quand le dos est tracé selon les proportions que l'on veut lui donner, on prolonge sa longueur de 5 à 6 centimètres, selon la mode ou le goût du client ; par ce moyen, on obtient le dos du chantilly parfaitement régulier.

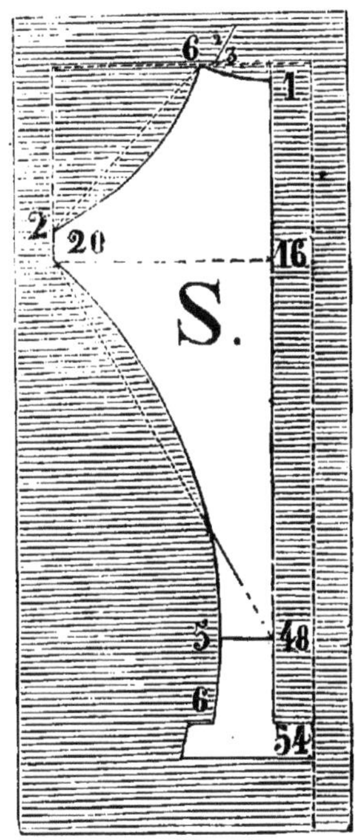
6 ½
1
2
20
16
S.
5
48
6
54

CINQUIÈME LEÇON

Dans notre dernier numéro, nous avons fait connaître le mal qui avait, jusqu'à présent, retardé le perfectionnement de notre profession, et nous en avons indiqué le remède en annonçant le projet d'une société qui aura, sous peu, sa raison d'être, en donnant un essor nouveau et progressif à notre art.

En créant une société sous le titre de : *Académie des Modes françaises*, nous n'avons en vue que l'intérêt général de notre corporation, parce que nous sommes certains qu'elle ne peut que gagner au concours d'une réunion d'hommes éclairés qui apporteront, chaque mois, le produit de leur expérience et de leurs inspirations, et qui s'encourageront mutuellement à bien faire, en suivant cet axiome qui dit : *Aidons-nous les uns les autres, et nous ferons mieux ;* vérité puissante qui prouve, une fois de plus, que l'union fait la force, et que ce n'est qu'en apportant chacun notre pierre, que nous pourrons bâtir un édifice durable au profit de tous, dans lequel nous trouverons : dévouement et protection, travail et encouragement, contentement et richesse.

Ainsi que tout le monde le sait, une académie n'est autre chose que l'atelier de l'intelligence et de la raison, où chaque homme de cœur qui désire s'instruire des vérités scientifiques, vient s'éclairer au foyer des discussions, d'où sort toujours la lumière ; lumière qui devient alors le guide le plus sûr du travail qui conduit à cette éducation moralisatrice qui unit l'homme à l'homme, comme le ciel à la terre.

L'académie que nous voulons, en la considérant sous son premier point, ne formera qu'une seule et même famille, non-seulement par les rapports d'amitié que les membres auront entre eux en concourant au même but, mais par cette similitude du travail et le besoin qu'ils auront toujours de se communiquer leurs pensées, pour arriver à l'accomplissement de l'œuvre que nous désirons tous atteindre.

Au second point de vue, l'académie présentera le spectacle du travail le plus complet que l'on puisse désirer pour le progrès de notre profession, par le développement de toutes les parties de notre art, qui seront expliquées une à une d'après la science pratique et intellectuelle, ainsi que les difficultés, toujours si nombreuses et si pénibles à vaincre, pour qui n'a que son expérience pour guide; en un mot, la coupe, la confection et les modes seront l'étude constante de l'académie. — Déjà un comité des modes françaises fonctionne depuis quelque temps, et, à la tête de ce comité, se trouvent les noms les plus honorables de notre profession.

Ainsi donc, une société établie sur les bases que nous venons de citer, ne sera-t-elle pas l'enseignement le plus parfait, comme le plus direct pour parvenir promptement aux connaissances les plus élevées du vrai-beau de notre profession ; aussi, de peur que cette œuvre génératrice ne se trouve paralysée dans sa marche ascendante, par un mauvais vouloir ou une opposition systématique, nous déclarons d'avance que les indifférents, les curieux et les atrabilaires en seront exclus, d'après les renseignements qui nous seront parvenus; car mieux vaut s'abstenir, que de faire une chose sans aucun fruit; voilà pourquoi nous n'appelons à nous que des travailleurs et des hommes franchement dévoués au bien de leur corporation.

L'*Académie des Modes françaises* se divisera en deux classes : la première se composera des membres titulaires, et la seconde des membres correspondants.— Les premiers seront tenus d'assister (autant que possible) à chacune des réunions, dans lesquelles ils auront voix délibérative, et feront partie, selon le tirage au sort, de tel ou tel comité, auquel on aura soumis un travail, pour en faire le rapport, après en avoir examiné les tendances et les résultats; chaque membre recevra un diplôme constatant son titre de membre de l'académie, ainsi que le bulletin des travaux de chaque mois ; le prix de ces deux objets sera fixé par les statuts, qui seront mis sous la protection de l'autorité.

Les membres correspondants recevront, comme les premiers, un diplôme et le bulletin des travaux ; seulement, comme par l'éloignement où ils se trouvent du siége de la société, ils ne pourront assister aux réunions mensuelles, chacun d'eux sera tenu d'envoyer ses pensées écrites, c'est-à-dire un travail, soit sur la coupe, soit sur la confection, soit enfin sur les changements à faire aux modes.

Tous ces travaux seront lus en séance et discutés sur-le-champ, et le résultat des débats sera publié dans le bulletin qui suivra la discussion.

Ainsi donc, par cette heureuse combinaison que nous venons proposer à tous les tailleurs, sous le titre de : *Académie des modes françaises*, nous espérons réunir à nous tous les amis du progrès, et, par leur intelligent concours, mettre promptement notre profession à l'apogée de la perfection.

Cette perfection, utile à tous, sera le fruit du travail de tous, et nous pourrons dire avec orgueil que nous aurons fondé le monument le plus parfait *du travail intelligent*.

Par ce moyen, dégagés de toute entrave arbitraire, nous ne serons plus soumis au joug capricieux de quelques hommes qui se croient choisis pour être les premiers parmi nous. La fondation de notre académie brisera pour toujours ces ridicules prétentions, en nous obligeant tous à travailler collectivement, et au même degré, à l'édification du grand œuvre de notre art : et lorsque nous aurons accompli notre mission régénératrice, alors seulement celui qui aura le plus contribué au progrès de notre profession, par ses écrits ou par ses enseignements, celui-là, disons-nous, sera récompensé noblement par ses frères de l'académie, qui lui décerneront avec bonheur et sans jalousie aucune, la médaille du travail et de la reconnaissance.

Or, les tailleurs qui approuveront le projet que nous venons de dérouler succinctement sous leurs yeux, et qui désireront faire partie de notre œuvre, nous les invitons à en faire la demande par écrit à M. Adolphe Dubois, rédacteur en chef du journal le *Progrès*, rue des Petites-Ecuries, 19; et, aussitôt que nous serons en nombre, nous nous empresserons de nous régulariser en nous mettant sous l'égide de la loi, pour qu'elle sanctionne et protége nos travaux; alors nous marcherons hardiment et sans encombre dans la voie du travail progressif.

N. B. — Toute lettre de demande doit être affranchie.

Mais en attendant que notre projet se réalise, et que les hommes qui veulent le bien de leur corporation viennent se joindre à nous pour nous éclairer de leur expérience et de leurs connaissances pratiques, nous allons continuer la description de notre méthode par la figure S bis, corsage du dos que nous avons décrit dans notre dernière leçon, c'est-à-dire dos d'une jaquette à taille prolongée, ou Chantilly, ou Jaquette anglaise, attendu que tous ces noms ne désignent toujours que le même vêtement. Ainsi donc, après avoir tracé le dos comme nous l'avons indiqué dans notre précédente leçon, nous opérons le tracé du corsage de la manière suivante: Nous commençons par tirer, comme toujours, deux lignes horizontales à la distance de deux centimètres l'une de l'autre et à la grosseur du haut, 50; puis à ce point 50, on tire une ligne verticale de la longueur de la jaquette, puis on commence le tracé du corsage de la manière suivante; mais avant de commencer, nous devons dire que le corsage se fait sur deux mesures seulement: la grosseur du haut et celle du bas; ces deux mesures combinées donnent toutes les autres proportions du torse. Du reste, nous l'avons déjà dit dans l'explication de notre premier corsage, celui qui nous sert de texte aujourd'hui a 50 centimètres de grosseur du haut et de 42 à 44 de grosseur du bas. C'est sur la grosseur du haut que le corsage se forme pour ainsi dire, attendu que celle du bas ne joue qu'un seul rôle, celui de sa grosseur respective, voilà tout; tandis que celle du haut donne l'emmanchure, aide à l'épaulette, à l'encolure et fixe invariablement la poitrine.

EXPLICATION DU TRACÉ DU CORSAGE

Une fois que les trois lignes que nous venons d'indiquer plus haut sont tirées, on prend la moitié de la grosseur du haut, 25 pour 50, que l'on place sur la ligne verticale à partir de la seconde ligne horizontale, et, où s'arrête le point 25, on fixe l'emmanchure; puis on prend le quart de ces 25 qui est de 6 1/4; on place ce quart toujours sur la ligne verticale à partir de la deuxième ligne horizontale, et, où il s'arrête, il indique le point où doit s'appuyer la pointe de l'épaulette du côté de l'emmanchure; puis on reporte ce même quart sur le point 25, en remontant sur la ligne verticale, et, où il s'arrête, il fixe la pointe du côté. Lorsque ces deux opérations sont faites, on prend la distance qui se trouve entre ces deux points 6 1/4 (qui est, par conséquent de, 12 1/2, ayant deux fois leur valeur), que l'on place sur la ligne horizontale qui marque la hauteur de la pointe du côté, et, où s'arrête cette distance, on marque un point qui fait la largeur de l'emmanchure, puis un autre point d'un centimètre et demi de distance au-dessous de la ligne qui marque le bas de l'emmanchure; cette distance se fait de la moitié de la largeur de l'emmanchure. Or, si cette dernière a 12 1/2, l'autre aura naturellement 6 1/4; quand ces deux points sont fixés, on trace l'emmanchure à partir de la pointe de l'épaulette et en passant sur chacun des points que nous venons d'indiquer en la faisant d'un ovale parfait; puis une fois l'emmanchure tracée, aussi régulièrement que possible, on trace l'épaulette sur celle du dos; seulement on donne un centimètre de plus de largeur à celle du corsage. Après avoir terminé le tracé de l'épaulette, on fait aussitôt le côté en plaçant le haut du dos à 3 centimètres de distance de la pointe du côté; le bas a sa longueur naturelle 48, est placé à 1 centimètre de distance de la ligne verticale, et son prolongement qui est de 6, a 3 petits centimètres environ. Le dos ainsi posé, il est facile de tracer un côté régulièrement, en passant sur chacun des points marqués. Lorsque le côté, l'emmanchure et l'épaulette sont tracés, on fixe de suite la grosseur du bas, y compris la largeur du bas du dos, pris à sa longueur naturelle 48, et l'on marque 42, grosseur du bas; puis on prolonge le corsage, d'après le prolongement du dos, bien entendu, ensuite on marque la longueur du devant, qui se fait toujours de deux centimètres moins de longueur que le côté ; puis on tire une ligne droite d'un point à l'autre, c'est-à-dire de la pointe du côté à celle du devant, et, sur cette ligne droite, on marque le suçon, que l'on creuse de 3 centimètres, à peu près au tiers de la grosseur du bas, et, en face de ces trois centimètres, on marque le petit côté, que l'on creuse plus ou moins, selon la force de l'homme et celle de ses hanches surtout.

Une fois que le bas du corsage est entièrement terminé, on établit la grosseur du haut en plaçant le dos sur le côté, c'est-à-dire en les faisant toucher l'un et l'autre vers l'omoplate ; alors à partir du milieu du dos et en passant sous l'emmanchure on marque 50, grosseur du haut, puis on ajoute à cette grosseur de 50, 5 centimètres en plus, non-seulement pour les garnitures, mais aussi pour compléter la largeur de la poitrine, qui se trouve par ce moyen toujours parfaitement proportionnée et mieux peut-être, que lorsqu'on en prend la mesure à part. Sur ce point de 5, on pose son centimètre verticalement jusqu'à la ligne horizontale, et là, en dedans du centimètre, on marque un point 2 centimètres au-dessous de la ligne horizontale, qui fixe la pointe de l'épaulette 6 1/4; ces 2 centimètres marquent le bas, ainsi que la longueur de l'encolure, cette dernière se trace régulièrement mais peu creusée, puis on trace le devant à partir du bout de l'encolure, en passant devant le point 5, et celui de 42, et l'on décrit une courbe, plus ou moins prononcée, selon le genre que l'on veut donner au devant, suivant la mode ou le goût du client. — Après que le devant est tracé, on ajoute le revers, qui n'est point séparé du devant bien entendu, surtout pour ce genre de vêtement. Ce revers se fait aussi suivant la mode ou la volonté du client, voilà pourquoi il nous serait impossible d'en déterminer la forme et la largeur au juste, à cause des variations de la mode.

Après avoir terminé complétement le tracé du corsage, on fait la basque de la manière suivante : on commence par tracer le haut de la basque, en l'arrondissant légèrement; les deux extrêmités de la basque doivent toucher : l'une, le bas de la pointe du côté et l'autre le bas du devant. La basque se fait généralement courte en raison de la longueur de la taille; on fixe son ampleur sur le derrière, en ajoutant 8 centimètres de plus à partir de la ligne verticale, qui est la ligne d'aplomb; sur le devant, la jupe a toujours 4 centimètres de plus de largeur pour l'embu et le rempli. Quant à sa forme, elle se fait généralement très-arrondie sur le devant; on orne le haut de la basque d'une très-large patte, arrondie sur les angles, sous cette patte on place ordinairement une poche. — Voilà pour la description du chantilly ou jaquette à taille prolongée.

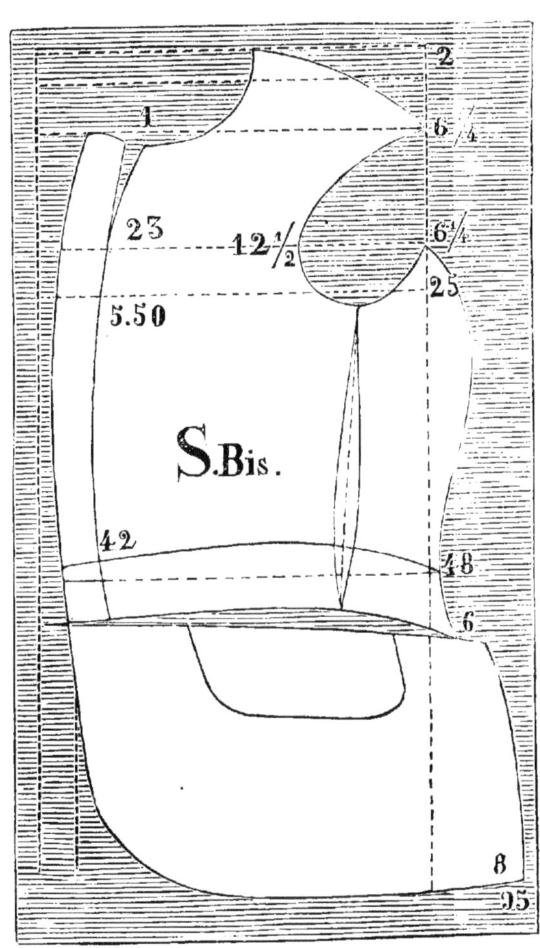
2
1
6 ¼
23
12 ½
6¼
25
5.50
S.Bis.
42
48
6
8
95

SIXIÈME LEÇON

Étymologie des noms de quelques professions, utiles à tout le monde, et de l'origine des soutanes en France.

Dès le temps des Gaulois, nos ancêtres portaient deux parties de vêtement pour se couvrir le corps de la ceinture aux pieds. De la ceinture aux genoux, on appelait cette partie du vêtement des *brayes ;* ces brayes furent ensuite nommées *hauts de chausses*, et, plus tard, culottes, grâce aux modifications que les Espagnols apportèrent dans leur confection ainsi que dans leur coupe.

Les vêtements qui couvraient les jambes, depuis les genoux jusqu'aux pieds, furent, par opposition aux *hauts de chausses*, désignés sous la dénomination de *bas de chausses*, ou simplement *bas* dans les villes, et *chausses* dans les campagnes; ce qui formait et forme encore deux vêtements bien distincts. Seulement nous ignorons comment ils s'exécutaient dans leur origine primitive; ce qui nous fait supposer, avec raison, qu'ils ont dû passer par bien des transformations avant d'arriver jusqu'à nous et dans l'état où ils sont aujourd'hui.

Du temps de Philippe le Bel, l'ouvrier qui fabriquait ces vêtements se nommait *chaussier*. Les pieds des *bas de chausses* étaient revêtus de quelque chose de plus imperméable à l'humidité que les étoffes qui couvraient les autres parties du corps; de là sans doute l'origine des souliers.

Nous avons déjà parlé de la chaussure des anciens peuples dans l'histoire des costumes français, que nous avons donnée il y a environ trois ans; nous n'en parlerons donc pas davantage. Nous nous bornerons simplement à dire ici que dès le temps des Gaulois, on attachait sous la plante des pieds ou des morceaux d'écorce, ou plus souvent des pièces de cuir qu'on liait et qu'on assujettissait sous le pied; de là vint le mot latin *subligata* (*calceamenta*), dont fut fait le mot *soulier*, qui subsiste encore. — Quelle est donc l'étymologie du mot cordonnier? nous demandera-t-on. Ne vient-il pas des cordons avec lesquels on attachait ces semelles aux pieds? Cela nous paraît assez probable; cependant, comme au XIVe siècle on nommait *cordouanier* le faiseur de souliers, la plupart des écrivains font dériver ce mot de *Cordoue*, grande et industrieuse ville d'Espagne du temps des Maures, où l'on excellait, plus que partout ailleurs, à préparer le cuir dont on se servait alors pour faire les souliers et qu'on appelait cordouan.

Les Romains appelèrent *faber* tout ouvrier qui travaillait les métaux. Quand les langues italienne et française se formèrent, le mot faber se changea en *fabro* dans la première, et en *favre* ou *fevre* dans la nôtre, qui n'a conservé dans les noms communs que la dénomination d'*orfèvre*, ouvrier qui travaille l'or et l'argent, puis les dérivés du latin *faber, fabri*, fabrique, fabriquer, fabrication, fabricant; mais le nom *Lefèvre* ou *Lefébvre*, *Lefèbure*, appartient à un grand nombre de familles françaises, que les ancêtres adoptèrent quand un édit de Philippe-Auguste ordonna que chaque chef de maison prît un nom spécial, indépendant du nom de baptême ou du nom propre de chaque individu, c'est-à-dire le nom de sa profession; lequel nom spécial devint commun à tous les membres de la famille et à leurs descendants.

L'invention des épingles remonte à peine à la fin du XVIe siècle. Il paraît que l'histoire n'a pas conservé le nom de l'inventeur, ou du moins reste muette à cet égard; mais ce qu'il y a de certain, c'est que les premières épingles parurent en Angleterre, vers l'an 1545.

Avant cette invention, les femmes riches se servaient de petites chevilles ou brochettes très-aiguës et très-fines, faites d'un bois fort dur ou d'ivoire; les femmes pauvres se servaient d'épines qu'elles trouvaient dans les haies.

En voyant un objet si petit et si peu coûteux, on ne se doute guère des procédés multipliés et de la célérité surprenante qu'exige la confection d'une épingle. En effet, avant d'entrer dans le commerce, l'épingle, ou le fil métallique avec lequel on la forme passe par dix-huit opérations. — Presque toutes les épingles dont on fait usage en France se fabriquent à Laigle, du moins en grande partie; environ 7 à 8,000 ouvriers sont employés à cette industrie. Paris seul emploie annuellement 100 millions d'épingles de toute espèce; toutes les villes de province en emploient autant proportionnellement à leur population et à leur commerce, ce qui fait un chiffre énorme d'épingles qui se consomme chaque année dans toute la France.

Quoique l'usage des aiguilles ait été connu des anciens, on ignore néanmoins l'époque où ces dernières furent inventées, ainsi que le nom de leur inventeur. Nous allons donc donner quelques mots d'éclaircissement sur cet autre petit instrument, beaucoup plus indispensable au travail que l'épingle; car sans l'aiguille que deviendraient les professions de couture?

L'invention de l'aiguille dut accompagner ou suivre de très-près la confection des premiers tissus de poil, de laine, d'écorce de lin, que les hommes imaginèrent pour se couvrir et remplacer les peaux de bêtes, qui furent, comme on le sait, leurs premiers vêtements. Les Arabes assurent que ce fut Enoch, un des patriarches antédiluviens, qui fabriqua les premières aiguilles; les Grecs faisaient l'honneur de cette invention à une femme; les Romains et plusieurs autres peuples eurent aussi des inventeurs de leur façon.

Les aiguilles à coudre se font avec des fils d'acier que l'on aiguise sur une meule de grès; dont on fait les pointes sur une roue de noyer; ensuite on les *palme*, pour aplatir le gros bout en l'*écrouissant*, puis on les fait *recuire;* puis on forme les cannelures ou gouttières pratiquées à la tête, au moyen d'un petit balancier qui fait jouer deux poinçons à la fois; le trou ou chas se fait par trois opérations successives, dont la dernière, qui consiste à enlever le petit morceau d'acier qui restait dans l'œil de l'aiguille s'appelle *troquer les aiguilles;* puis après le perçage, on *ebarbe* les trous en faisant disparaître les arêtes ou bavures tranchantes qui, restées dans le chas, couperaient le fil; puis on fait le *chapeau de l'aiguille*, puis on la trempe, puis on la soumet à l'opération appelée le *recuit*, qui consiste à étendre une grande quantité d'aiguilles dans une poêle de fer, placée sur un réchaud; puis on la dresse au marteau; puis on la polit, ce qui se pratique en prenant douze ou quinze mille aiguilles, arrangées par petits paquets, placés les uns à côté des autres, sur un treillis couvert de poudre d'émeri, après quoi on répand une autre couche d'émeri que l'on arrose d'huile; puis on roule le treillis, dont on fait une espèce de sac lié par les deux bouts, et serré par des cordes dans toute sa longueur; puis on le porte à la machine à polir, où les paquets, roulés constamment sur eux-mêmes, impriment aux aiguilles un mouvement au moyen duquel elles se frottent et se polissent réciproquement; puis on lave les aiguilles dans une lessive d'eau chaude et de savon; puis on les *vanne*, en les enfermant avec du son dans une boîte carrée, qu'un arbre fait tourner horizontalement au moyen d'une manivelle; puis on fait le *triage*, en mettant à part celles qui ont perdu leur pointe, pour les soumettre à ce qu'on appelle l'*affinage*, au moyen d'une petite meule sur laquelle on les fait rouler; enfin on les essuie avec des linges gras et huilés, et on les distribue par paquets sur des feuilles de papier.

Voilà, comment se fabriquent les aiguilles desquelles nous nous servons chaque jour, pour la confection de notre travail, et sans lesquelles nous ne pourrions rien faire.

Nous terminerons cette nomenclature de quelques professions utiles, par une courte notice sur l'origine des soutanes en France. — Voici ce que dit Sainte-Foix, dans ses essais historiques: « Il périt, dit-il, plus de quatre cent mille Français aux croisades, mais nous en rapportâmes des modes, entre autres celle de se vêtir de longs habits; dans les XIIe, XIIIe, XIVe et XVe siècles, on portait une soutane qui descendait jusqu'aux pieds. Les nobles imaginèrent qu'en y faisant ajouter une longue queue, ils auraient un prétexte pour avoir à leur suite un homme chargé de la porter, croyant par cet avilissement se donner plus de distinction. — Pauvre humanité! elle était aussi folle à cette époque, qu'elle l'est aujourd'hui, et croyait comme de nos jours, se donner de la valeur en déployant un faste ridicule, que le sage dédaigne, mais que la vanité recherche, pour cacher son ignorance; comme faisait la noblesse du XIIIe siècle, qui mettait tout son savoir dans une insultante fierté.

Il n'y a guère plus de deux siècles que la soutane est le vêtement des ecclésiastiques; avant ce temps, les gens de justice, les médecins et les professeurs étaient en soutane, même chez eux.

L'usage qu'ont les prêtres de porter des calottes est tout à fait nouveau, surtout en France; le cardinal de Richelieu, fut le premier qui en eut une; il y avait peu de temps que cette coiffure des ecclésiastiques était en usage à Rome et dans toute l'Italie.

Mais, voilà assez d'histoire, revenons maintenant à notre méthode, par l'explication de quatre pantalons qui suivent.

Le premier, figure T, est un pantalon droit dessinant un peu le genou; un peu large du mollet et presque juste sur le coude-pied; ce genre est des plus gracieux et réussit toujours bien, lorsqu'il est coupé dans un aplomb parfait, tel que nous l'indiquons par notre ligne verticale, sur laquelle se fait l'entre-jambe, ce qui le fait tomber droit sans jamais tourner, et fait toujours réussir la fourche au gré du tailleur, ce qui est le *nec plus ultrà* du pantalon, partie qui n'est que trop souvent la pierre d'achoppement pour un grand nombre de tailleurs, mais que nous évitons par notre moyen d'opérer, qui est de la plus grande simplicité, et facile à toutes les intelligences, même aux personnes qui ne sont pas tailleurs. Le derrière, comme le devant tombe droit sans jamais tourner, tout en se prêtant à tous les mouvements du corps. La ligne droite qui partage le devant et le dépasse de 10 centimètres, fixe le haut du derrière, et lui donne juste le renversement qui lui est nécessaire en appliquant simplement la demi-grosseur ; quant aux grosseurs de la jambe, elles se partagent également de chaque côté du devant, et d'après les mesures, tout en laissant pour les coutures.

Le pantalon que nous décrivons, se trace d'abord comme un pantalon droit, puis une fois tracé dans son aplomb parfait, on lui fait subir les modifications nécessaires pour lui faire prendre la forme du mollet en diminuant sa largeur, autant d'un côté que de l'autre, de cette manière on obtient une réussite certaine. — Voilà pour le pantalon dessinant le genou et le mollet.

La figure T bis. — Cette figure représente un pantalon un peu large du bas, c'est-à-dire disposé un peu, comme autrefois les pantalons à guêtres, avec moins de creux bien entendu, et le bas du derrière moins d'étendue ; excepté cela, ce pantalon se rentre sur le devant et tombe droit sur le coude-pied ; du reste ce pantalon est tout simplement plus étroit du devant que du derrière, ce qui fait qu'il est droit lorsqu'il est terminé, et sa coupe est plutôt de fantaisie que de principe.

La figure U, est celle d'un pantalon grosse-taille, c'est-à-dire pour un homme qui porte 60 de grosseur de ceinture, 40 de cuisse et 22 du bas, longueur de côté 110 et 79 d'entre-jambe ; la fourche a 7 de largeur, et celle du derrière 5, les autres proportions diminuent d'un centimètre de moins à chaque proportion, ce qui fait quatre au genou et trois du bas, même distance de chaque côté.

Le pantalon que nous donnons ici, est sans ceinture ; pour établir le montant, il est indispensable d'en prendre la mesure à partir de la réunion des quatre coutures de l'entre-jambe jusqu'au haut du ventre, selon le goût du client. Cependant, si l'on oubliait de prendre cette mesure on peut la remplacer en ajoutant à la hauteur du devant que donne la mesure de côté, 5 ou 7 centimètres selon le volume du ventre : ce montant suffit ordinairement pour les personnes les plus grosses ; ce dernier une fois fixé, on ajoute un ou deux centimètres selon la grosseur du ventre, afin de l'envelopper sans aucun tiraillement, puis l'on établit les autres proportions comme pour le pantalon ordinaire, et l'on forme la ceinture en ajoutant à la hauteur du devant 4 ou 5 centimètres, ainsi qu'au derrière sur le côté seulement, parce que le derrière de la ceinture est pris sur la hauteur de la hanche.

La figure U bis, est un pantalon hussard pour toilette du matin ou pour monter à cheval; il se trace d'abord comme un pantalon droit, c'est-à-dire d'après la mesure qui se prend comme pour un pantalon ordinaire, et ce n'est qu'après qu'il est tracé que l'on ajoute la largeur que l'on veut lui donner ; mais cette largeur ne doit partir pour ainsi dire que de la hauteur de la fourche, attendu que de ce point jusqu'aux hanches, cette partie du pantalon doit être juste ; pour former la largeur des jambes, on ajoute entre le point de la cuisse et celui du genou sur le côté, 5, 6 ou 7 selon le plus ou moins de largeur que l'on désire donner au pantalon, on en fait autant à l'entre-jambe, en donnant un centimètre de moins. Or, s'il y a 5 sur le côté, on met 4 à l'entre-jambe ; puis, quand ces points sont marqués on trace le côté à partir de la hanche jusqu'au bas, en décrivant une courbe très régulière, on en fait autant pour l'entre-jambe ; le bas du devant se fait un peu plus étroit que pour un pantalon ordinaire, il se creuse ou s'arrondit selon le goût du tailleur; le derrière du pantalon se fait comme pour les autres, et d'après les mesures du haut et du bas, seulement le derrière est creusé de manière à bien coller sur la partie des reins.

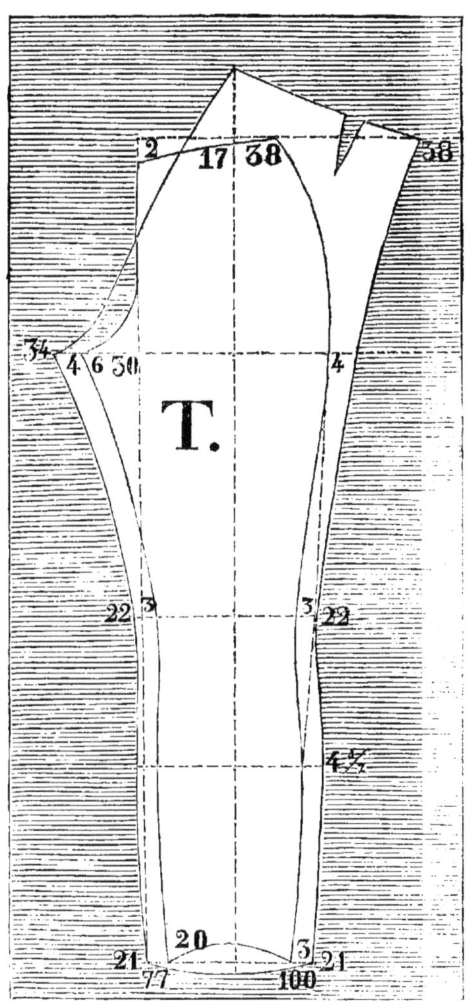
2
17
38
38
34
4
6
30
4
T.
22
3
3
22
4½
20
21
3
21
77
100

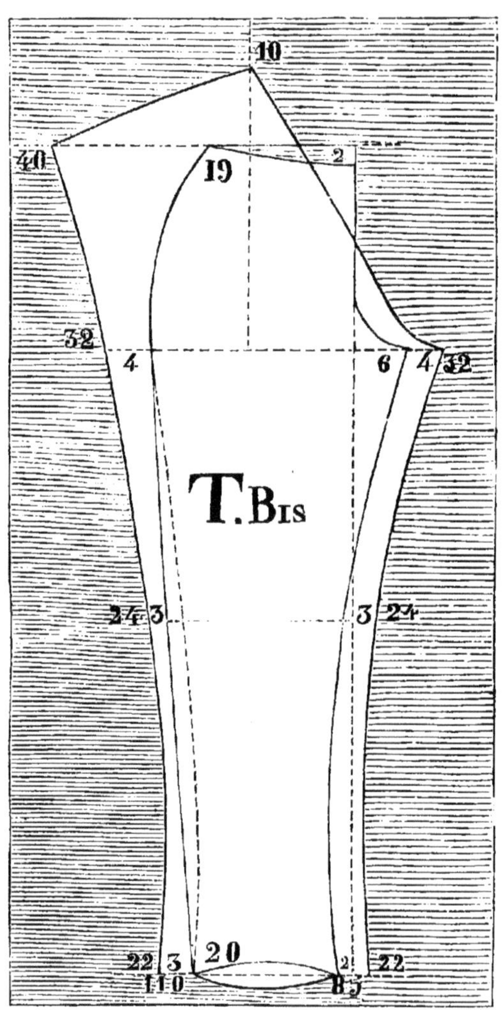
10
40
19
2
32
4
6
4
32
T. Bis
24
3
3
24
22
3
20
2
22
110
85

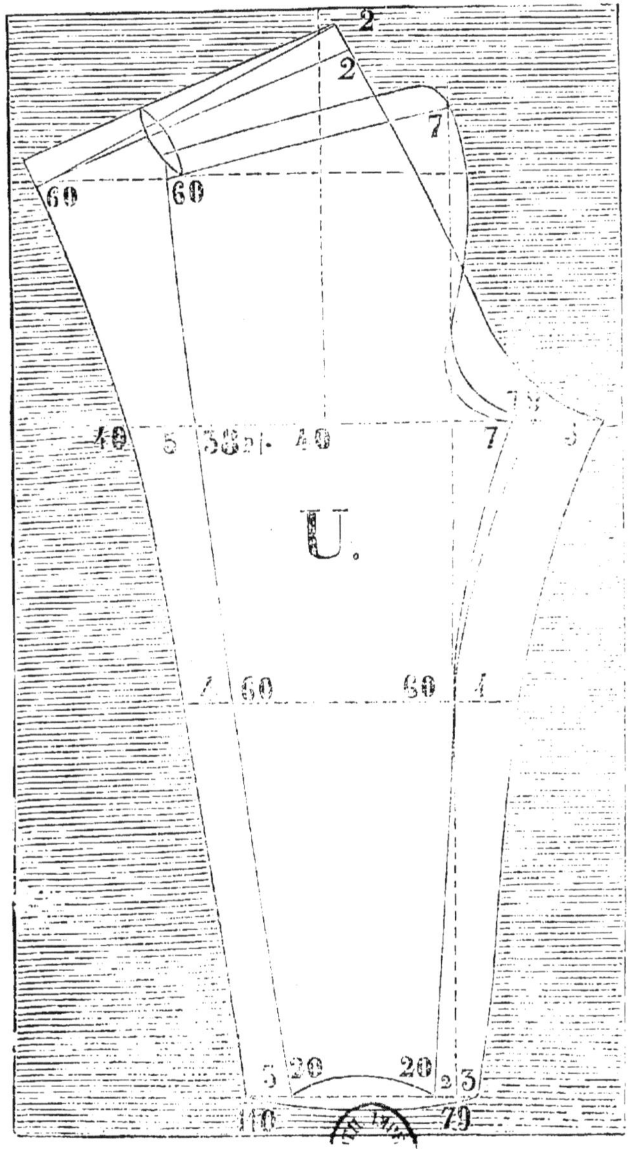
2
2
7
60
60
40
5
38
40
7
U.
4
60
60
4
5
20
20
2
3
110
79

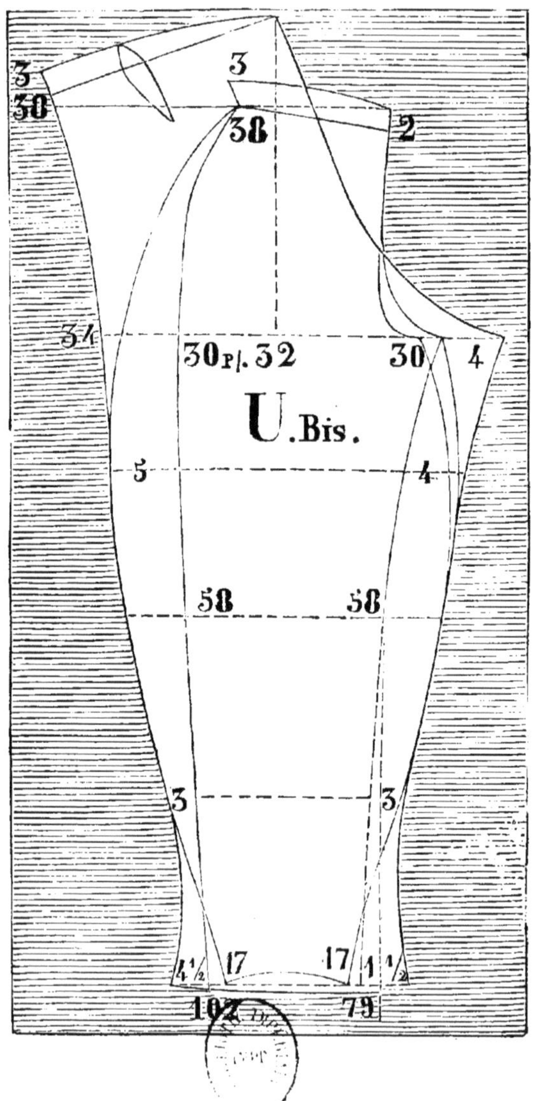
3
30
3
38
2
34
30p/. 32
30
4
U.Bis.
5
4
58
58
3
3
4½
17
17
1
½
102
79

SEPTIÈME LEÇON

Les armoiries, devenues fixes et héréditaires en France, introduisirent aussitôt les livrées; et, de même que chacun s'était fait des armoiries à sa fantaisie et selon sa vanité, chacun composa sa livrée à sa manière et plus ou moins luxueuse, dans laquelle entrait plus d'orgueil que de bon goût. — Aussi, il arriva ce qui arrive ordinairement dans ces sortes d'innovations (innovations qui avaient alors pour but d'afficher la splendeur des maisons nobles de cette époque), que les valets de ces hauts et puissants seigneurs ressemblaient à des êtres fantastiques, insaisissables et par conséquent impossibles à classer dans aucun règne, tant leur accoutrement était bizarre, non-seulement par l'assemblage d'une infinité de couleurs introuvables de nos jours, mais aussi par la forme pittoresque que l'on donnait à ces vêtements, ainsi que par la profusion d'ornements dont on les surchargeait; ce qui donnait à ces fidèles serviteurs des airs de Chinois moins la queue, ou de Peaux-Rouges moins le tatouage.

Cependant, depuis cette heureuse importation, qui vient, dit-on, des Croisades, on a modifié peu à peu la forme des livrées, et, à mesure que le progrès s'est fait sentir, elles sont devenues plus simples et n'en ont été que plus coquettes, tout en conservant une certaine richesse. — Aujourd'hui, les livrées ne sont plus une question d'héritage comme autrefois : elles sont simplement une question de mode, grâce au bon goût et au talent de quelques grands tailleurs, qui en ont fait une partie à part et bien tranchée, dont la coupe et la confection demandent des études particulières et même un peu de science héraldique. Seulement, il est fâcheux que, après un pareil progrès, la livrée soit encore une ligne de démarcation pour ceux qui la portent, en les condamnant à un rôle passif et sans volonté, et à ne voir et ne penser que par celui qui les paie. Cependant, beaucoup ont su acquérir, par l'accomplissement de leurs devoirs, la considération de leurs maîtres, et en sont souvent devenus les amis les plus intimes, par un dévouement sans bornes qui confondait l'autorité et l'obéissance dans un saint attachement.

En fait de livrées, aucun pays peut-être n'a porté cet art aussi loin que les Anglais; ces braves insulaires en ont inventé pour tous les genres de domesticité; aussi, depuis le garçon de ferme jusqu'au grave intendant du milord millionnaire, la nomenclature des livrées est incalculable; chacun, selon l'emploi qu'il occupe dans la maison où il est engagé, a sa livrée particulière, comme coupe, forme et ornements, et même jusqu'à la couleur; de sorte qu'en voyant passer un domestique, à la seule inspection de son costume on peut dire, sans crainte de se tromper, ce qu'il fait chez son maître.

Les Anglais portent si loin l'amour de la livrée, que l'on a vu de certaines personnes, dont la fortune ne leur permettait pas d'avoir des domestiques, se faire faire une livrée pour le seul plaisir de paraître gentilhomme et de se donner des airs de grand seigneur, ou bien de faire habiller leur tendre et longue milady en groom, et s'écrier avec une douce jubilation : — Moâ, avoir le cœur bien réjoui en voyant milady pour servir nous ! !

Les Français sont loin d'avoir un pareil amour à l'endroit de la livrée, et nos jolies Parisiennes ne voudraient pas, assurément, se métamorphoser en groom pour satisfaire les excentricités d'un mari ridicule et personnel, qui ne voit que sa fantaisie et son exécution, sans s'occuper des résultats.

Aussi, le peu d'attention que nous donnons aux livrées, fait qu'elles sont moins multipliées en France qu'en Angleterre; elles ont généralement chez nous un caractère sérieux, sont simples dans leur composition et peu variées dans leur forme; ce qui ne leur ôte rien de leur élégance ni de leur bon goût, que tous les étrangers admirent.

Du reste, nous reviendrons sur ce sujet dans notre numéro prochain, en comparant entre elles les diverses livrées qui existent en Europe. — En attendant, nous allons continuer notre récit par la description des modes exagérées qui parurent depuis Charles V jusqu'à Henri IV. Ce récit ne peut être qu'intéressant aux jeunes tailleurs qui veulent s'instruire de toutes les particularités de leur art.

Sous Charles V, les nobles ne portaient que l'habit blasonné, c'est-à-dire qu'ils le faisaient chamarrer de toutes les pièces armoriales de leur écu.

Sous Charles VI, on inventa pour les grands seigneurs l'habit mi-partie, semblable en tout point à celui des bedeaux que l'on voyait autrefois dans nos églises. Un journal de cette époque rapporte que, le 17 octobre 1409, le sire de Montaigu, grand-maître de la maison du roi et surintendant des finances, avait été condamné pour plusieurs crimes. Parmi ceux que son avarice lui avait fait commettre, il s'en trouvait un, qui ne méritait point d'excuse.— Chaque jour, le roi, volé par lui, se trouvait dans la nécessité absolue de mettre en gage sa vaisselle, ses meubles ou ses bijoux. — Montaigu était ordinairement chargé par le prince d'emprunter sur ces effets, qu'il s'appropriait sans scrupule, moyennant une faible somme qu'il remettait au roi.

Or, le 17 octobre 1409, disons-nous, le sire Jean de Montaigu, qui était en prison pour ses méfaits, fut conduit du Petit-Châtelet aux Halles pour y subir sa peine; il était revêtu, dit la chronique, de ses plus beaux habits. — Haut assis dans une charrette, il avait une houppelande mi-partie de rouge et de blanc; le chaperon était de même, et avait une chausse rouge et une autre blanche; il avait des éperons dorés; ses mains étaient liées, et deux trompettes étaient devant lui. — Après qu'il eut la tête tranchée, son corps fut porté au gibet de Paris et y fut accroché au plus haut, c'est-à-dire à la partie la plus élevée, avec sa chemise, ses chausses blanches et rouges, et ses éperons dorés.

Sous le règne de François Ier, on ne se contenta pas de quitter l'habit ample et long; on donna, comme toujours, dans l'extrémité la plus opposée (c'est ainsi que la mode procède).

Les élégants, ainsi que toute la cour, portaient un pourpoint à petites basques et un caleçon tout d'une pièce avec les bas. « Cet habit serrait parfaitement le corps dans toutes ses parties, et s'y moulait de façon qu'il en était indécent, » dit M. de Sainte-Foix dans ses *Essais sur Paris*. — Les gens graves prirent le large haut-de-chausses à la suisse; les jeunes gens à la mode ne voulurent pas renoncer au caleçon très-collant, seulement ils modifièrent sa forme, un peu trop risquée, en imaginant des trousses, espèce de haut-de-chausses court et relevé, qui ne descendait qu'à la moitié des cuisses, et que l'on couvrait d'une demi-jupe. Ce court haut-de-chausses se mettait par-dessus le caleçon et en cachait les excentricités les plus accusatrices d'une mode ridicule, qu'une jeunesse folle voulait conserver en dépit de la décence que l'on doit garder dans ses habits, surtout dans un pays qui passait alors pour donner le ton et les belles manières à toute l'Europe.

Cette mode, tout arbitraire qu'elle était, se continua néanmoins sous les règnes de Henri II, de François II, de Charles IX, de Henri III et de Henri IV. — On portait, avec ce costume, de petites toques en velours noir, sur le retroussis desquelles on faisait broder ses armoiries. A l'armée, on portait ces toques droites et fortement enfoncées sur la tête; à la cour et à la ville, on les mettait sur l'oreille droite; l'oreille gauche, à laquelle on attachait une perle en poire, restait entièrement découverte.

Les femmes, sous le règne de Charles VI, étaient coiffées d'un haut bonnet en pain de sucre, semblable à ceux que portent nos magiciens sur les théâtres.

Sous le règne de François Ier et de Henri II, elles avaient de petits chapeaux avec une plume. Depuis Henri II jusqu'à la fin du règne de Henri IV, elles portèrent de petits bonnets avec une aigrette.

Sous François II, les hommes trouvèrent qu'un gros ventre donnait un air de majesté, et les femmes imaginèrent aussitôt qu'il en était de même d'un gros derrière; on vit dès-lors, par tout *le beau royaume de France*, de gros ventres et de gros derrières postiches, de la plus belle ampleur, que chacun ornait, selon son goût ou sa fortune, de fleurs, de rubans et même de dorures. Cette ridicule mode dura quatre ans, et, ce qu'il y eut encore de singulier, c'est que, lorsqu'elle commença, les femmes parurent ne plus se soucier de leur visage, et prirent le plus grand soin à le cacher, en le couvrant d'un loup, espèce de masque en velours noir, afin que personne ne le vît, comme une chose qui n'avait aucune valeur en présence de ce formidable phénomène de la mode.

Un Anglais, qui avait fait un voyage en France vers cette époque, de retour dans sa patrie, quelqu'un lui demanda s'il trouvait les Parisiennes jolies.

— Je n'ai, répondit-il, jamais vu leur figure, tellement elles la cachent avec une extrême précaution; mais, si ces dames ressemblent aux modes que j'ai vues, elles doivent avoir, goddem! de fort belles joues!

Cette plate plaisanterie britannique, ainsi que plusieurs autres du même genre, ne contribuèrent pas peu à faire tomber cette mode aussi folle qu'absurde.

Maintenant que nous avons fait connaître les modes ridicules d'une époque bien éloignée sans doute, mais qui n'est pas sans intérêt pour le tailleur qui veut s'instruire de toutes les connaissances de son art, nous allons reprendre la description de notre méthode par la figure V. Cette figure est celle d'une jaquette habillée, en supprimant les poches bien entendu; ou, si l'on veut les conserver, elle devient jaquette ordinaire.

Le tracé de ce vêtement se fait comme les précédents, c'est-à-dire que l'on commence à tirer deux lignes horizontales à 2 centimètres l'une de l'autre, puis à l'extrémité, à la distance de la grosseur du haut, à laquelle on ajoute 4 centimètres; on tire une ligne verticale de toute la longueur du vêtement, puis, on prend la moitié de la grosseur du haut, 25 pour 50; cette moitié, quelle qu'elle soit, fait invariablement le bas de l'emmanchure, en la plaçant sur la ligne verticale, à partir de la seconde ligne horizontale; puis on divise cette distance par quart, 6 1/4. On place ce premier quart sur la ligne verticale, à partir du haut, c'est-à-dire de la deuxième ligne horizontale; ce quart fixe l'abattement de la pointe de l'épaulette; le second quart se place sur le point 25, en remontant sur la ligne verticale et où s'arrêtent ces 6 1/4; on fixe la pointe du petit côté, on répète la même division sur le devant, puis, on tire une ligne horizontale en passant sur chaque point correspondant, ce qui fait trois lignes en tout; la distance entre les deux points 6 1/2 fait toujours l'avancement de l'emmanchure, c'est-à-dire la largeur, en mettant cette distance sur la ligne qui marque la pointe du petit côté; puis on trace son emmanchure d'un ovale parfait, en partant de la pointe de l'épaulette jusqu'à celle du petit côté; puis on établit la longueur du côté sur celle du dos, puis ensuite l'épaulette, de la façon qu'ils sont placés l'un et l'autre sur la figure V, et on continue le tracé en fixant la largeur de poitrine au moyen de la grosseur du haut, à laquelle on ajoute 5 centimètres, ce qui fait 50 plus 5; une fois la poitrine fixée, on trace l'encolure selon la mode, c'est-à-dire plus ou moins haute, ou plus ou moins basse; mais sa longueur doit toujours s'arrêter en face du point qui marque la poitrine; puis on ajoute le revers en plus, que l'on fait selon la mode ou le goût du client. Voilà pourquoi ces détails ne peuvent avoir de principes invariables.

Lorsqu'on désire que la jaquette ferme comme le devant d'une redingote, on place tout simplement le bout d'une règle devant les deux lignes qui marquent la pointe du côté et le bas de l'emmanchure, puis on tire une ligne droite selon la direction de la règle, qui fixe naturellement l'ampleur de la jupe sur le devant. Quant à son ampleur sur le derrière, on ajoute tout simplement 8 centimètres, à partir de la ligne d'aplomb; dans ces 8 centimètres, le pli est compris; puis on trace le petit côté, que l'on creuse de manière à former un suçon assez fort; le bas forme aussi un suçon: de cette manière, le derrière de la jaquette se place toujours très-régulièrement.

La figure V *bis* représente un dos de Derby; sa forme est celle d'un dos de twine, un peu moins large en raison de sa longueur; le milieu du bas du dos est ouvert à la hauteur de 20 centimètres; les plis de chaque côté se font de la même hauteur; les côtés sont droits, et le bas du dos ne doit avoir que 18 centimètres de largeur, pour la moitié bien entendu; le dos se fait ordinairement sans couture dans le milieu.

La figure V *ter* est le devant du dos que nous venons de décrire; il se trace aussi comme le devant du twine, moins l'ampleur, c'est-à-dire se coupe droit, comme le veston anglais ou la petite jaquette-sac. Les poches se mettent très-basses et se couvrent d'une large patte, qui va quelquefois s'appuyer sur le pli. Les revers se font selon la mode.

La figure X représente un pantalon collant pour soirée. Indépendamment de la longueur de côté, de celle de l'entre-jambe, de la grosseur de ceinture, on prend cinq autres mesures, le plus juste possible : 1° celle du haut de la cuisse; 2° celle du milieu de la cuisse; 3° celle du genou; 4° celle du mollet; 5° celle du bas de la jambe. Dans le bas du pantalon, on laisse une ouverture de 10 à 12 centimètres, pour faciliter le passage du pied; cette ouverture se ferme par cinq boutons; afin que le jarret soit parfaitement dessiné, on pratique un suçon qui retire l'étoffe, qui est toujours de trop dans cette partie.

La figure X *bis* représente un corsage avec toutes les mesures figurées, sur lesquelles notre méthode n'a besoin que de la grosseur du haut et du bas pour arriver au même résultat, et beaucoup plus juste peut-être.

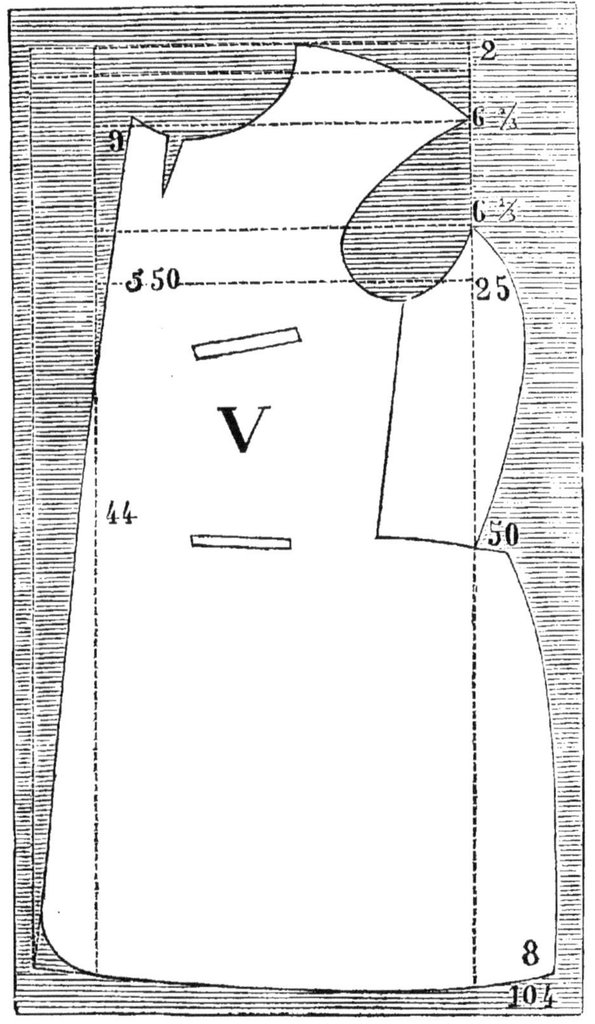
2
6 2/3
9
6 1/3
5 50
25
V
44
50
8
104

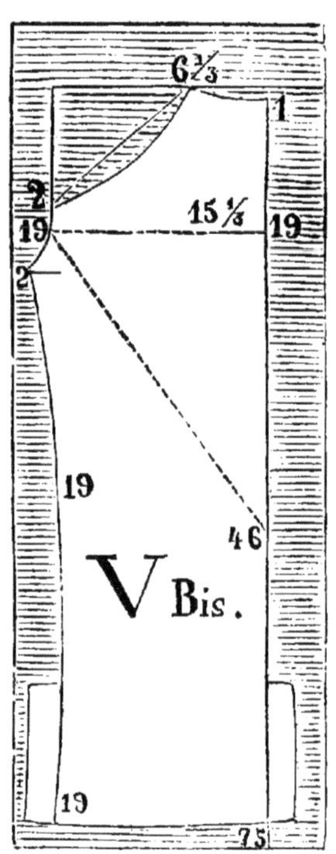
6⅔
1
2
15⅓
19
19
2
19
46
V Bis.
19
75

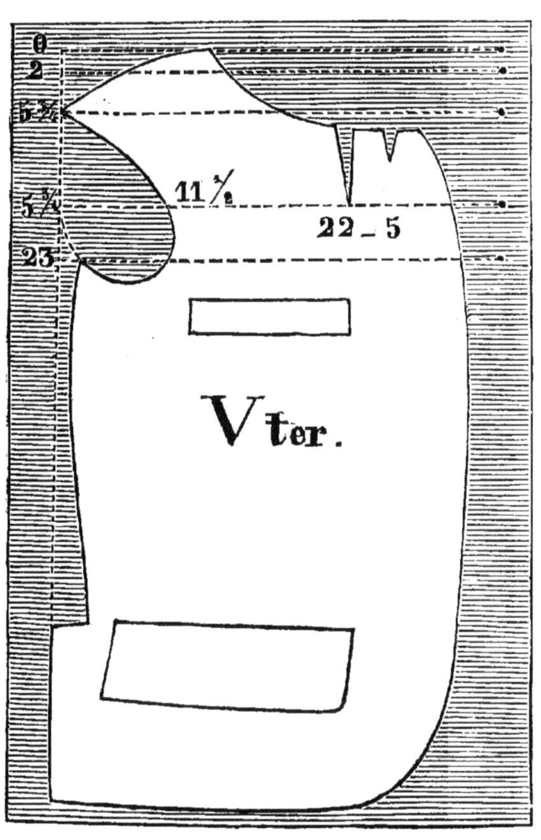
0
2
5 ¾
11 ½
5 ¾
22 _ 5
23
V ter.

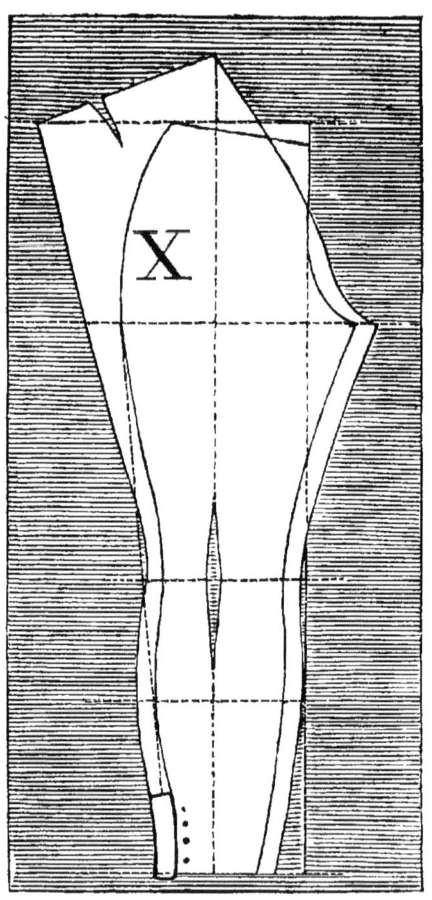
X

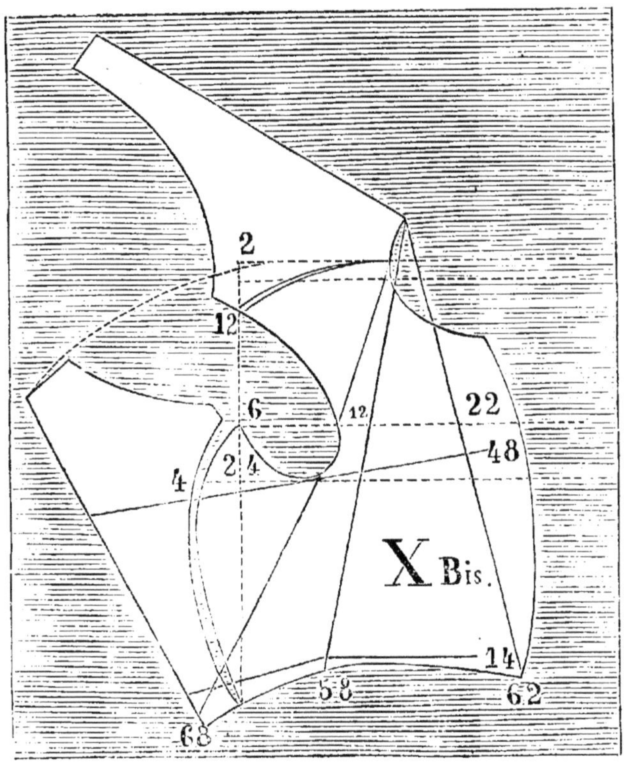
2
12
6
12
22
48
4
2
4
X Bis.
14
58
62
68

HUITIÈME LEÇON

Le 12 mars 1810, vers les 8 heures du soir, maître Pétermann, tailleur à Hochfeldem, venait de terminer son modeste souper et se disposait à reprendre son travail, quoiqu'il eût déjà fourni une laborieuse journée, mais, c'était une habillement de noce qu'il fallait pour le lendement, or, il n'y avait pas un instant à perdre pour maître Pétermann.

L'habit et le gilets étaient faits; il ne restait plus que la culotte à faire, mais la confection de cette culotte demandait la nuit entière et notre tailleur était si fatigué qu'il se plaignait amèrement du sort qu'il le forçait à passer une nuit sur son établi, qu'il aurait désiré passer dans son lit, près de madame Pétermann, qui ronflait depuis une heure, à la manière des boule-dogues.

— Encore, dit-il, si j'avais un joyeux compagnon qui fût avec moi, je m'ennuierais bien moins et le travail n'en irait que mieux.

A peine avait-il achevé ces mots, qu'il entendit frapper à sa porte, et aussitôt vit entrer un jeune homme d'une tournure élégante, portant le costume des étudiants allemands, et complètement étranger à la ville de Hochfelden. L'inconnu s'avança jusqu'au milieu de la boutique, et, se plaçant en face du tailleur, il lui dit d'un ton impératif : il faut me faire une culotte pour demain, voici le drap, ajouta-t-il, en déposant sur l'établi un coupon d'étoffe couleur cannelle, ne me manquez pas de parole, surtout, car je vais à la noce de M. Lutterbech qui épouse la jolie nièce du vieux Offamback, qui ne l'aime pas du tout, aussi ce Lutterbech est un idiot, et le vieux Offamback une huître, pour forcer sa nièce à se marier contre sa volonté ; ce mariage est une monstruosité ; il ne peut s'accomplir !

— Pourquoi ? fit Pétermann étonné.

— Parce que je ne le veux pas.

— Vous êtes donc son parent?

— Non.

— Son ami?

— Non.

— Ah! je comprends, dit le tailleur avec un sourire malin, mais mon cher Monsieur, je crois qu'il est un peu tard pour arrêter ce mariage, c'est fâcheux pour vous, car la jeune fille vaut bien la peine qu'on l'épouse, riche et jolie comme elle est.

— Nous verrons, répondit simplement l'inconnu ; en attendant je veux ma culotte pour demain, car je veux être le premier à complimenter la jeune mariée.

— Monsieur, reprit Pétermann ; il m'est impossible de faire votre culotte pour demain.

— Eh! pourquoi s'il vous plaît, riposta l'inconnu en lançant un effroyable regard sur le pauvre tailleur qui commençait à trembler des allures de son visiteur; puis sortant un pistolet de sa poche, il ajouta : Vous allez faire ma culotte maître Pétermann, ou je vous brûle la cervelle devant votre femme, que j'épouserai, lorsque je vous aurai tué. — Maître Pétermann, sentit ses cheveux se dresser sur sa tête, néanmoins cherchant à donner à sa voix un peu d'assurance, il ajouta :

— Mais, Monsieur, j'ai la culotte de noce de M. Lutterbech à faire, je ne puis la manquer.

— Eh bien ! vous les ferez toutes deux, répondit son impitoyable visiteur.

— Impossible.

— Allons, pas de mauvaise volonté, sinon, je fais feu sur vous.

Pétermann, voyant qu'il n'obtiendrait rien de ce brigand d'étranger ; car ce ne pouvait être qu'un brigand pour agir de la sorte, avec lui Pétermann, le plus doux de tous les hommes du canton de Hochfelden, répondit: Eh ! bien, Monsieur, je vais essayer.

— A la bonne heure ! s'écria le jeune homme d'une voix qui fit trembler la maison. Pétermann eut peur et se retrancha derrière son établi, et se mit à couper les deux culottes, qui étaient semblables en étoffe comme en mesures; pendant ce temps, l'inconnu le regardait faire et sifflait d'une manière étrange.

Lorsqu'il eut terminé de couper, il se mit en devoir de coudre et commença son travail par la culotte de l'étranger; depuis deux heures il travaillait avec un courage surnaturel, lorsqu'il se sentit tout à coup fatigué et dit en s'arrêtant : Je n'en puis plus.

— Vous n'en pouvez plus, dites-vous?.. Je vais vous guérir moi; tenez, avalez quelques gouttes de cette liqueur merveilleuse, composée par le diable lui-même. En disant cela, l'inconnu tira de sa poche une bouteille de liqueur d'un rose clair, la déboucha et avant que le tailleur y eût pris garde, il le força d'en avaler la moitié.

Confondu par la rapidité de cette action, maître Pétermann n'eut pas le temps de réfléchir, reprenant de nouveau son aiguille, il se remit à coudre avec une fureur fiévreuse et sans exemple.

Enfin, quatre heures venaient de sonner; Pétermann venait de finir sa culotte, et faisait un fil pour attacher le dernier bouton, lorsque la lampe s'éteignit tout à coup et la boutique fut seulement éclairée par les pâles rayons de la lune.

La terreur du tailleur fut à son comble, il se crut perdu ; son redoutable compagnon s'apercevant de sa frayeur, lui dit avec un ricanement satanique : Vous n'êtes point fatigué je pense, maître Pétermann; voulez-vous reprendre de ma liqueur?

— Nous avons plutôt besoin de lumière que de liqueur, fit le pauvre tailleur avec effort.

— Eh bien, cousez toujours; en voici une qui vous suffira j'espère ; vous n'en avez jamais vu de plus brillantes assurément? Maître Pétermann fit un soubresaut et recula d'épouvante jusqu'à l'extrémité de son établi, en voyant sortir de dessus la tête de l'inconnu, une éclatante lumière d'un rouge foncé, qui éclaira aussitôt la boutique d'un lugubre reflet; de ses yeux coulait une espèce de lave en feu et de sa bouche sortait une fournaise, dans laquelle allait s'engloutir une foule de petits personnages, parmi lesquels notre tailleur crut se reconnaître.

La vue de cet horrible spectacle était au-dessus des forces du pauvre Pétermann, il ne vit plus de salut que dans une fuite précipitée, jetant loin de lui sa culotte et son aiguille, il sauta rapide comme l'éclair vers la porte, et s'élança à travers les rues de Hochfelden, emporté par la frayeur et se trouva bientôt en pleine campagne, ou après trois quarts d'heure d'une course aussi folle que fantastique, il tomba au pied d'un arbre épuisé de fatigue et de peur; mais à peine est-il assis, qu'il voit son ennemi en face de lui qui lui demande sa culotte. Saisi d'effroi, Pétermann se redresse comme un ressort et reprend sa course plus folle que jamais; il ne court plus, il vole; il franchit tous les obstacles, rien ne peut l'arrêter; et depuis une heure que dure cette course infernale; il entend toujours l'inconnu à ses côtés; il sent son souffle, il sent même sa main qui cherche à le saisir. Pétermann redouble d'efforts et cherche à échapper à son cruel persécuteur par toutes les feintes du jeu de barre, mais aucune de ses manœuvres ne peut réussir à lui faire gagner la moindre avance sur son homme il l'entend toujours sur ses talons; enfin il aperçoit un pont qui traverse un torrent, de l'autre côté duquel se trouvent des maisons amies : Pétermann s'élance dessus comme une flèche, mais à peine a-t-il fait quelques pas, qu'il tombe lourdement, et se sent aussitôt saisi par son ennemi qui l'enlève comme une plume et va le précipiter dans le torrent. — A ce mouvement, Pétermann plus effrayé que jamais, lui demanda grâce, promettant de faire tout ce qu'il voudra.

— Je veux bien vous accorder votre grâce, fit l'inconnu, en remettant le pauvre tailleur sur ses jambes; mais à une condition : c'est que la culotte que vous m'avez faite, servira de culotte de noce à M. Lutterbech ; sinon je vous étouffe demain dans votre lit. Pétermann allait assurer son bourreau de son obéissance, lorsqu'à la place de son inconnu, il vit le diable. Le diable ! exclama le pauvre tailleur en reculant de terreur. — Oui, le diable répondit celui-ci d'une voix stridente ; qui a passé la nuit avec toi, pour lequel tu as fait une colotte et avec lequel tu as couru deux heures à travers champs. Oui le diable qui veut être obéi, et qui punit de mort les indiscrets ; maintenant que tu me connais retourne chez toi, tu n'as plus rien à craindre, pour moi, je vais me reposer aux enfers. — Pétermann, ne se fit pas répéter deux fois l'injonction de Satan, car c'était bien Satan lui-même ; il s'éloigna à grands pas, répétant sans cesse : J'ai fait la culotte du diable, Seigneur mon Dieu, ayez pitié de moi !

Il faisait grand jour lorsque Pétermann rentra chez lui, brisé de fatigue et de crainte ; il trouva sa femme occupée aux soins du ménage, qui lui demanda vainement d'où il venait ; après le déjeûner du matin auquel il fit honneur, il porta les habits de noce de M. Lutterbech ; il n'eût garde d'oublier la fatale culotte, tant il avait peur de revoir son affreux visiteur, puis revint faire sa toilette pour assister au mariage de son client et se rendit au lieu du rendez-vous, qui était chez le vieux Offambach ; en entrant dans la grande salle de réunion, quel ne fut pas l'effroi de notre homme en reconnaissant au milieu des invités son inconnu de la nuit, qui parlait à la jeune mariée ; il devint pâle comme la mort et sentit ses jambes trembler sous lui, il voulut sortir, mais au moment où il tournait le bouton de la porte, l'étranger l'aperçut et vint droit à lui, Pétermann se crut perdu, fit un signe de croix et recommanda son âme à Dieu ; l'étranger lui prenant la main lui dit à voix basse : Si vous tenez à votre part de Paradis, restez. Puis l'entraînant au mileu de la salle, il le présenta à la jeune mariée, comme un de ses anciens amis ; le pauvre tailleur hors de lui, ne sachant s'il rêvait, éperdu par la peur, crut voir tous les diables de l'enfer danser autour de lui et ferma les yeux ; mais le bruit de la porte, qui s'ouvrit avec fracas, ne lui permit pas de les tenir longtemps fermés, il regarda avec inquiétude croyant voir entrer quelque légion de diables; mais au lieu de diables, ce fut le jeune marié qui fit irruption dans la salle, avec son habit vert-pomme, son gilet jaune et sa culotte cannelle; à cette vue, la jolie nièce d'Offamback, échangea un regard avec l'étranger et fit quelques pas vers son fiancé. M. Lutterbech s'avança rapidement vers la jeune fille, et allait lui tendre la main, lorsqu'il s'arrêta court en poussant un cri aigu. Qui vient de me piquer ainsi, dit-il, en portant vivement la main à son derrière? — Personne s'empressa-t-on de lui répondre. — Alors c'est Pétermann, qui a laissé une aiguille dans les coutures? — Je vous assure que je n'ai rien laissé' se hâta de répondre le tailleur; demandez plutôt à... il allait dire à M. l'étranger ici présent; mais en voyant les yeux flamboyants de ce dernier, il ne put achever.

— A qui voulez-vous que je demande, dit Lutterbech avec fureur, tout en se frottant les fesses; enfin la douleur est passée, fit-il en se retournant vers sa fiancée, mais à peine avait-il achevé sa phrase, qu'il jeta un second cri, plus formidable que le premier en portant de nouveau les deux mains à son derrière, puis se tournant avec colère vers les invités: Ah ça! Messieurs, est-ce pour plaisanter que vous me lardez ainsi le postérieur, s'écria-t-il en montrant le poing à tout le monde. — Pour le coup, chacun crut qu'il perdait la tête, et un rire fou partit de tous les coins de la salle. Lutterbech, plus furieux que jamais, allait apostropher les rieurs, lorsque, tout à coup, il sentit sa culotte se déchirer avec un craquement épouvantable, qui effraya les assistants, et aussitôt l'on vit sortir de chaque déchirure une épaisse fumée qui envahit subitement la salle. Lutterbech, au paroxysme de la colère, se précipita sur Pétermann, qu'il crut l'auteur de cette mystification, et voulut l'étrangler; on essaya de les séparer, mais la fumée devint si suffoquante que tout le monde prit la fuite et se rendit dans une vaste cour pour respirer à l'aise; une fois là, le calme se rétablit et l'on remarqua avec étonnement que la nièce du vieux Offamback et l'étranger manquaient ; on les appela à plusieurs reprises et ne recevant aucune réponse, on se décida de rentrer dans la salle, pour voir s'ils étaient restés malgré la fumée ; mais quelle ne fut pas la surprise de chacun, en voyant cette dernière entièrement disparue, et les fenêtres du côté du jardin ouvertes ; mais point de mariée ni d'étranger ; on les appela de nouveau sans plus de succès ; on referma les croisées tristement ne sachant ce que voulait dire cette brusque disparition, lorsqu'on aperçut deux billets sur le parquet ; le vieux Offamback les ramassa et en fit aussitôt la lecture à haute voix. — Le premier contenait ces deux lignes :

Je laisse ma culotte à M. Lutterbeck, et j'emporte sa fiancée. SATAN.

— Le diable répéta tout le monde, en se signant dévotement...— Le brigand hurla avec rage Lutterbeck, qui venait de lâcher le pauvre tailleur, en entendant lire ce billet.

Le second était ainsi conçu :

Mon cher oncle,

Je pars avec le plus charmant de tous les diables et j'en souhaite un pareil à chacune des jeunes filles de Hochfelden ; dans quatre jours, je serai sa femme bien aimée.

Son nom est Satan, baron Rodolphe, premier physicien du roi de Prusse ; généreux comme son maître, il envoie 100 thalers à maître Pétermann pour la façon de sa culotte et le tient pour le plus fort coureur de l'Allemagne. ROSE.

Quel bon diable! s'écria Pétermann en jetant son chapeau en l'air . . . .

— Fiez-vous donc aux jeunes filles! dit le vieux Offamback en mettant la lettre dans sa poche.

Maintenant que nous savons que la culotte du pauvre Lutterbeck avait été préparée d'avance pour piquer et se déchirer au moment désiré, et que maître Pétermann a pendant deux heures fait une course fantastique avec le diable, pour les beaux yeux bleus, d'une blonde allemande, nous allons reprendre les explications théoriques de notre méthode.

Nous en sommes resté à notre dernière leçon à la figure X bis, représentant un corsage avec toutes les mesures, nous allons commencer celle d'aujourd'hui par la figure Y. Cette figure représente le paletot sac, ou pelisse. Rien de plus facile à faire que ce vêtement, dont tout le mérite est un aplomb parfait et l'ampleur bien distribuée, le reste n'est rien. Le paletot sac se trace absolument comme le gilet, excepté que l'on ne retranche rien dans l'emmanchure, et que la largeur de l'épaulette se fait d'après toute la hauteur de l'emmanchure. Pour obtenir le tracé régulier de ce vêtement, on procède de la manière suivante : on commence comme pour le corsage à tirer deux lignes horizontales. à deux centimètres, l'une de l'autre ; puis à la grosseur du haut, on tire une ligne verticale de la longueur du vêtement, puis on établit l'emmanchure comme pour le gilet ; on prend la moitié de la grosseur du haut qui est de vingt-quatre pour quarante-huit, que l'on place sur la ligne verticale à partir de la deuxième ligne horizontale, et où s'arrête ce point, on marque le bas de l'emmanchure, puis sur cette distance on retranche cinq centimètres à partir de la deuxième ligne horizontale, ces cinq centimètres se retranchent toujours quelle que soit la distance de l'emmanchure, excepté pour un enfant alors on retranche quatre, et quelquefois trois, lorsque l'enfant est tout à fait petit ; excepté cette circonstance, le retranchement des cinq est invariable pour tous les hommes en général. Or, à partir du point cinq au point vingt-quatre, la distance est de dix-neuf, on partage cette distance par moitié et l'on marque un point à neuf et demi, puis l'on prend ces neuf et demi pour former l'avancement de l'emmanchure, que l'on trace aussitôt en partant du point cinq, en passant sur le point neuf et demi et en allant finir sur le point vingt-quatre ; puis on prend entièrement la hauteur de l'emmanchure, la largeur de l'épaulette, c'est-à-dire dix-neuf ; l'épaulette une fois tracée, on fixe sa poitrine et l'on fait son encolure plus ou moins longue ou haute, selon la mode ou le goût du client ; la largeur du revers est soumise aussi aux exigences de la mode, puis lorsqu'on a fixé toute la largeur que l'on veut donner au devant, on tire une ligne droite parallèle à la ligne verticale de l'emmanchure, puis on fixe la longueur totale cent, et on trace le bas, le devant alors est fini.

Le dos comme comme celui du gilet, se fait à la suite du devant; pour fixer son éloignement, on prend le point neuf et demi que l'on place sur le point cinq et où s'arrête ce point neuf et demi, est la distance juste où doit monter l'emmanchure du dos, mais afin de s'assurer de son point, c'est-à-dire de sa distance, il faut que les neuf et demi se retrouvent verticalement à partir de la deuxième ligne horizontale, de cette façon on est toujours certain d'avoir une distance juste. Il est bien entendu que la largeur de l'épaulette du dos, se fait sur celle du devant, et que son extrémité doit atteindre la première ligne horizontale; la largeur du haut du dos se fait ordinairement de six à huit centimètres, mais jamais plus; le bas se fait naturellement de la même longueur que le devant.

La largeur du dos, se fixe, comme celle du gilet, en prenant la distance, depuis l'extrémité de la largeur du haut du dos, jusqu'à la ligne verticale qui partage l'emmanchure; cette même distance se reporte dans le bas, sur la ligne verticale et où elle s'arrête, on marque un point, puis on place une longue règle sur ce point, qui va joindre celui du haut du dos, puis on tire une ligne droite, qui complète la largeur du dos. Cette largeur est suffisante pour un paletot sac ordinaire; mais pour une pelisse qui demande plus de longueur et beaucoup plus d'ampleur, cette largeur serait insuffisante; alors il faudrait ajouter au dos quinze centimètres de chaque côté, qui vont mourir au haut du dos d'un côté et de l'autre au bas de l'emmanchure, et quelquefois aussi on ajoute de la largeur au devant; mais cela est rare, à moins d'avoir une très-grande ampleur.

Le paletot-sac est un vêtement d'une très-grande commodité et qui ne manque pas d'une certaine élégance, ce qui en fera toujours un vêtement indispensable à tout le monde.

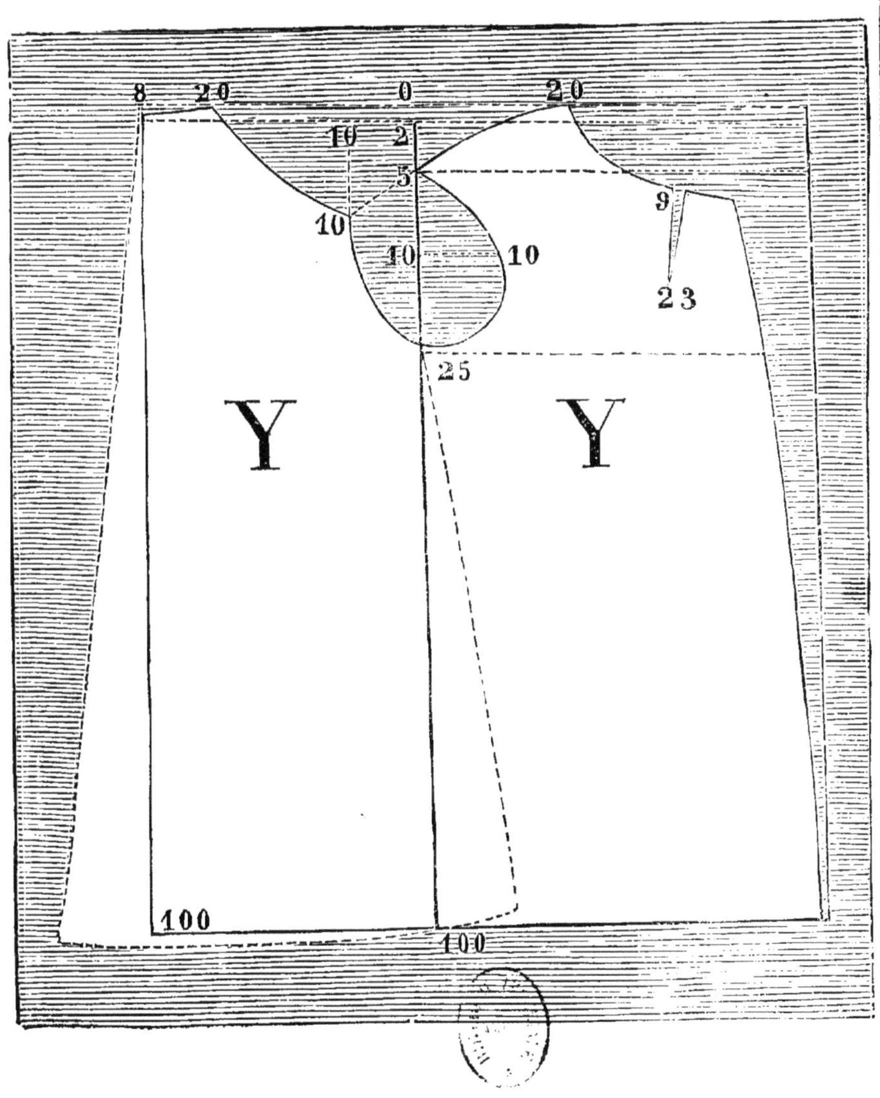
8
20
0
20
10
2
5
9
10
10
10
10
23
25
Y
Y
100
100

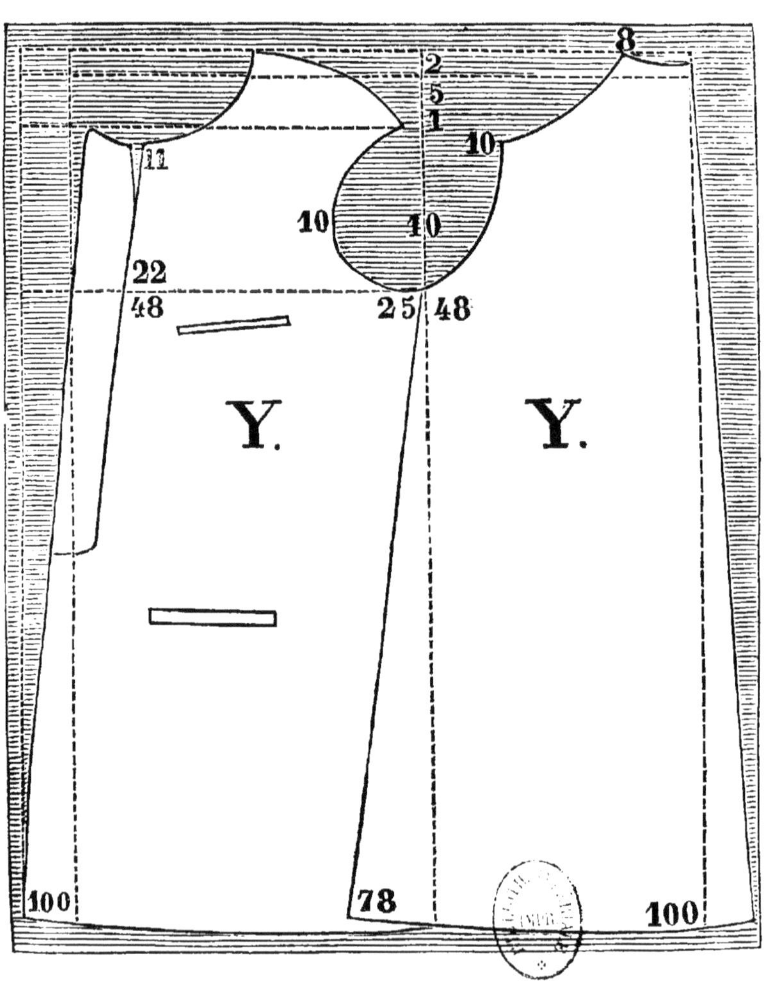
8
2
5
1
10
11
10
10
22
48
25
48
Y.
Y.
100
78
100

TROISIÈME PARTIE

PREMIÈRE LEÇON

Le jeune Guérin, après avoir appris son état chez son père, modeste tailleur des environs de Bayonne, vint à Paris pour se perfectionner dans sa profession et devenir ce qu'on appelait à cette époque (1820), une fine lame, afin de retourner dans son pays aider l'auteur de ses jours, qui ne pouvait plus travailler. Mais, ici-bas, l'homme propose et le ciel dispose, c'est-à-dire que rien n'arriva, de tous les rêves d'or qu'avait fait, en partant, notre jeune homme, pour le bonheur de son père et de sa mère qu'il aimait comme on aime Dieu, et pour lesquels il eût été heureux de donner sa vie tout entière. Mais, hélas! il ne devait plus les revoir; car à peine était-il à Paris depuis quelques mois, que son père mourut après une longue carrière d'honorabilité, mais pauvre. Sa vieille mère, écrasée par l'affreux malheur qu'elle venait d'éprouver, ne pouvant supporter cette cruelle séparation, succomba bientôt à sa douleur, et six semaines après la mort de son mari, était conduite, à son tour, par quelques voisins, au petit cimetière de Saint-Jean-de-Luz, et placée près de celui qu'elle avait tant aimé, et pour lequel elle avait toujours été un ange de consolation et de bonté.

Cette double perte fut terrible pour le jeune Guérin; il en éprouva un si violent chagrin, qu'il tomba dangereusement malade, et fut en quelques jours à toute extrémité. Mais sa jeunesse et sa bonne constitution finirent par maîtriser le mal et le ramenèrent doucement à la vie et à la santé, il reprit courageusement son travail, mais ne put jamais vaincre la tristesse que ce coup lui avait porté; il fuit ses camarades et chercha l'isolement, dans lequel il trouva bientôt une nouvelle existence de jouissances et de bonheur, dans la lecture de bons livres qui formèrent promptement son esprit et son jugement, et en firent un homme sérieux avant l'âge.

Seul au monde, Guérin s'adonna avec ardeur à sa profession; il l'étudia en artiste, examina les résultats, et, au bout de quelques années, en connaissait tous les secrets. Dès lors il résolut de s'établir. C'était en 1825, l'époque classique de l'état de tailleur : Guérin avait alors vingt-trois ans.

Ses débuts furent des plus heureux, il devint, en peu de temps, par son activité, son travail et son économie, un des premiers tailleurs de Paris.

Après vingt ans de succès non interrompus, il vendit son établissement et se retira avec trente mille livres de rente, dans un petit village sur les bords de l'Allier, distant d'une lieue de Moulins. Un sol fertile, un ravissant panorama, un bois planté de gros chênes séculaires, qui avaient couvert de leur ombre épaisse bien des générations, et une des plus riches rivières de France, faisaient de cet endroit le plus charmant tableau que l'on puisse voir.

Notre ex-tailleur s'y installa donc le plus commodément possible, vivant seul, ne parlant à personne, mais saluant tout le monde. Cette manière de vivre était loin de convenir aux habitants du village, qui avaient la plus grande envie de connaître le nouveau-venu pour en parler à leur aise. Or, ce mutisme les intriguait singulièrement et donnait beau jeu à leur langue. Guérin ne l'ignorait pas, et lorsque ses domestiques lui rapportaient les commentaires que chacun faisait sur lui, il souriait sans répondre et n'en continuait pas moins sa manière de vivre. Lorsqu'un jour, la bonne qui le servait à table lui dit :

— On parle beaucoup de monsieur dans le village ; dame, ce n'est pas étonnant, personne ne connaît monsieur !

— Eh ! que dit-on, Rose?

— Les uns disent que vous êtes un grand seigneur amoureux d'une princesse.

— Ah ! diable! et les autres?

— Pour les autres, c'est différent : M. le curé assure que vous êtes franc-maçon, parce que vous n'allez jamais à la messe.

— Très-bien ! et puis?

— M. le baron des Antennes...

— Il y a donc un baron qui s'en mêle aussi?

— Oui, monsieur, et un vrai baron.

— Qui a des antennes, dites-vous?

— Non, monsieur, c'est son nom de famille.

— Eh bien ! que dit M. le baron ?

— Il croit vous avoir vu dans un bal de la cour, dansant avec une princesse russe, faisant vis-à-vis à la reine ; vous aviez, dit-il, plusieurs décorations à votre boutonnière, et l'on disait dans les salons que vous étiez le petit-fils du sorcier Balsamo.

— Ce baron est charmant !... Continuez, Rose.

— M. le maire, qui est le plus fort épicier de l'endroit, prétend que vous êtes de la bande Noire, et que c'est là que vous avez fait votre fortune de millionnaire, car il dit partout que vous êtes plus riche que le roi.

— Votre maire, Rose, est un homme fort judicieux ; allez toujours.

— Les commères ajoutent que ce n'est pas ordinaire qu'un homme comme vous ne parliez pas aux femmes ; il faut, disent-elles, qu'il y ait quelque chose sous jeu ; c'est-à-dire que vous tombez du haut-mal ou que vous conduisez le loup-garou.

— Je suis vraiment très-reconnaissant de l'intérêt que me portent ces dames..... C'est tout, Rose?

— Ah! bien oui! monsieur, il y a encore le garde-champêtre, qui m'a dit hier : J'ai fait aiguiser mon sabre pour aller sommer votre maître de me montrer son véritable acte de naissance, car si je ne me trompe, ce doit être Abd-el-Kader qui se cache ici, pour se faire nommer roi de France, et comme c'est un gaillard qui mange les enfants et qui coupe les femmes par morceaux, je veux me présenter chez lui armé jusqu'aux dents.

— Ce garde-champêtre, Rose, est ingénieux, comme tous ses pareils. — Mais vous, mon enfant, que répondez-vous à tous ces ridicules contes que l'on fait sur moi?

— Dame, monsieur, je ne réponds rien, parce que je ne sais rien; c'est bien ce qui m'enrage, moi qui aime tant les nouvelles. Aussi, vraiment, monsieur, ce n'est pas bien de ne pas m'avoir dit ce que vous étiez.

— Patience, Rose, vous le saurez bientôt, ainsi que tout le village.

— Ah! tant mieux, monsieur, car j'étouffais de ne rien savoir. Et toute joyeuse, Rose s'élança vers l'office, pour aller raconter cette nouvelle aux autres domestiques.

Maintenant, revenons à la description de notre méthode dont nous allons commencer la troisième partie par la figure Y bis, c'est-à-dire par le paletot-twine, que l'on nomme aussi demi-sac; paletot à trois coutures et paletot anglais. Tous ces noms, quoique différents, ne signifient, après tout, que le même vêtement, c'est-à-dire le paletot-twine. Nous allons commencer notre leçon par le dos, comme cela se fait ordinairement, figure Y ter. Pour établir ce dernier, on tire premièrement une ligne droite de la longueur totale du dos 100, puis, une fois cette ligne tirée, on trace un dos ordinaire, c'est-à-dire de la longueur du torse 45, afin d'avoir la hauteur juste du côté, et celle de l'écarrure. Or, comme c'est toujours le tiers de cette longueur 15 qui fixe la hauteur de l'écarrure, on tire une ligne à ce point; puis on établit la largeur de l'écarrure, celle du haut du dos qui est le tiers de cette dernière; puis enfin la hauteur de la petite carrure, qui est le tiers de la largeur du haut du dos. Une fois tous ces points régulièrement fixés, on trace le haut du dos comme on le fait ordinairement ; puis on descend au-dessous de la petite carrure, le quart de la largeur de l'écarrure. Or, si cette dernière a 20, le quart est de 5, et ainsi de suite; ce quart sert à faire la portion de l'emmanchure que l'on ôte au devant; puis on fixe la largeur de la taille en lui donnant la même largeur que celle de l'écarrure. Et pour établir celle du bas, on prend la largeur au-dessous de l'écarrure, à partir du point qui forme une portion d'emmanchure, et cette distance est toujours juste pour la largeur du bas. Et aussitôt ces deux largeurs marquées, on trace le côté presque droit ; puis, si l'on désire faire une ouverture dans le bas du milieu du dos, on laisse une sous-patte de quatre à cinq centimètres de largeur, et haute de trente centimètres, qui est ordinairement la distance de l'ouverture. — Voilà pour le dos.

Le devant, que représente la figure Y bis, s'établit comme les autres corsages et par les mêmes dimensions : seulement, comme ce vêtement est peu garni, il est essentiel de redresser la coupe d'un fort centimètre, c'est-à-dire reculer l'épaulette de la ligne verticale d'un fort centimètre, tel que cette figure le représente. Pour le côté de l'emmanchure, on retranche tout ce que le dos possède en plus de sa largeur ordinaire; puis, on trace le côté presque droit, c'est-à-dire suivant le dos. La largeur du bas de la jupe a toujours quatre centimètres de plus que la grosseur du haut. Ainsi, si la grosseur du haut a quarante-huit centimètres, la largeur du bas de la jupe aura cinquante-deux centimètres. Ces quatre centimètres doivent dépasser la ligne d'aplomb, et c'est de ce point que l'on mesure la largeur de la jupe. On fixe ensuite la largeur de la poitrine, puis celle du revers, selon la mode; l'encolure se fait aussi selon la mode, c'est-à-dire plus ou moins haute. Le devant se trace droit, le bas s'arrondit légèrement, et les poches s'établissent selon la volonté du client, plus basses ou plus hautes, couvertes d'une patte, ou simplement bordées d'un galon. Voilà pour le devant.

La figure Z est le dos d'une jaquette-sac, tout à fait courte. Ce dos se fait comme celui du twine que nous venons de décrire, excepté qu'il est plus court; mais pour les autres dimensions, elles sont identiques.

La figure Z bis est le devant de la jaquette-sac; il ne diffère en rien du devant du twine, si ce n'est que le côté reste sur la ligne d'aplomb, ce qui fait que le bas de la jupe est moins large que celui du twine, et le devant étant plus abattu du bas, le fait ouvrir à partir du premier bouton. Du reste, ce vêtement est purement de fantaisie, et l'on peut sans crainte lui donner toutes espèces de formes qui seront acceptées comme nouveauté. Ce vêtement se nomme aussi veste anglaise et veston.

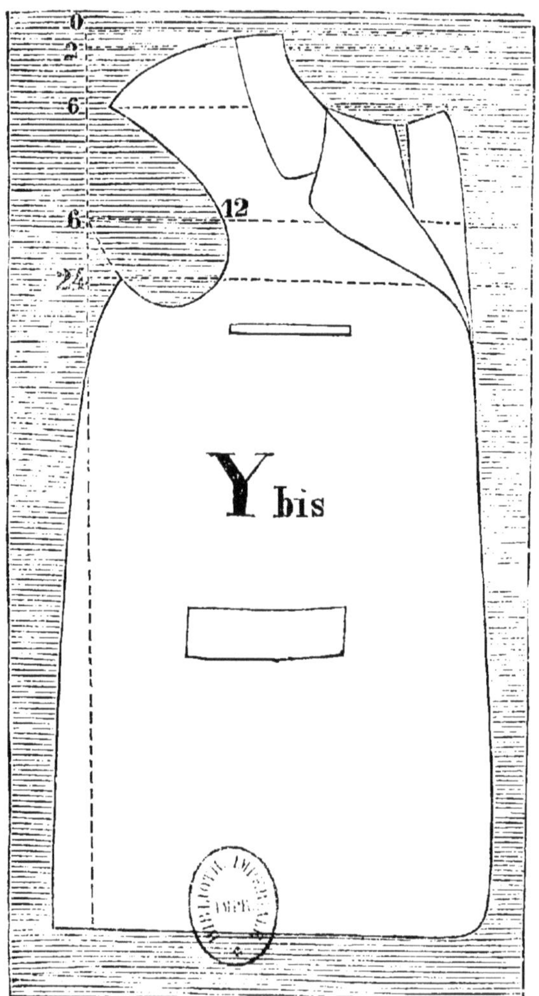
0
2
6
6
12
24
Y bis

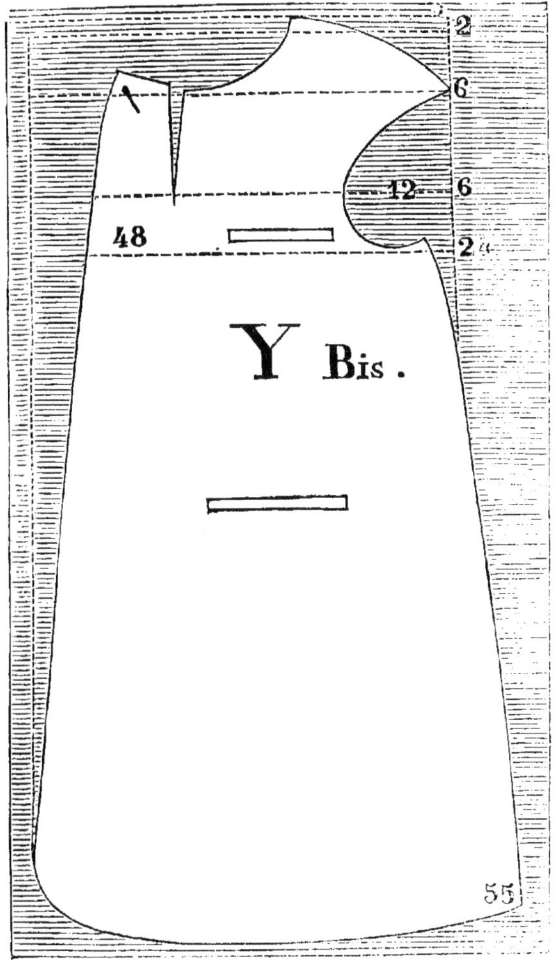
2
6
12
6
48
2
Y Bis.
55

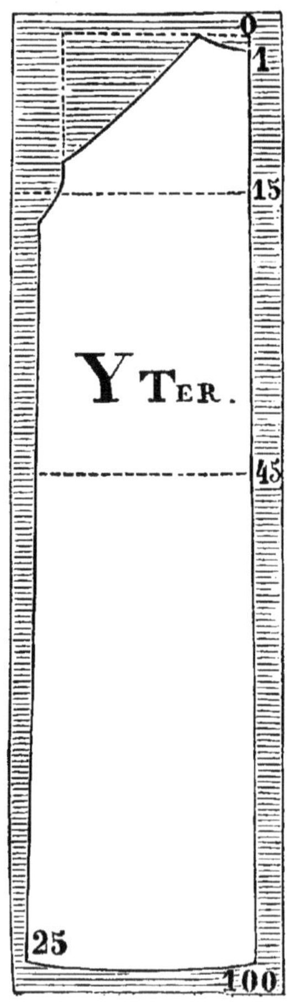
0
1
15
Y Ter.
45
25
100

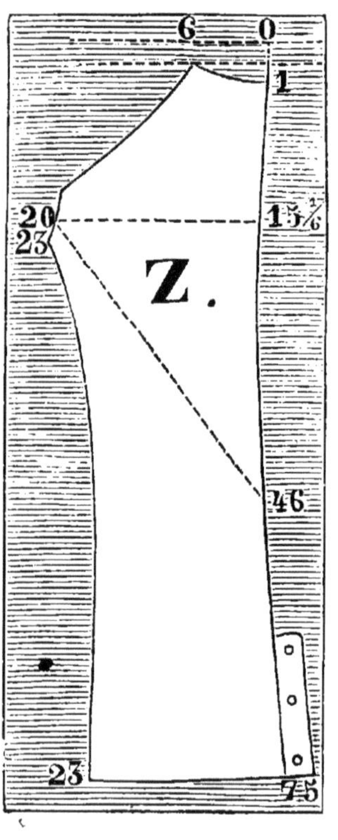
6
0
1
20
23
Z.
46
23
75

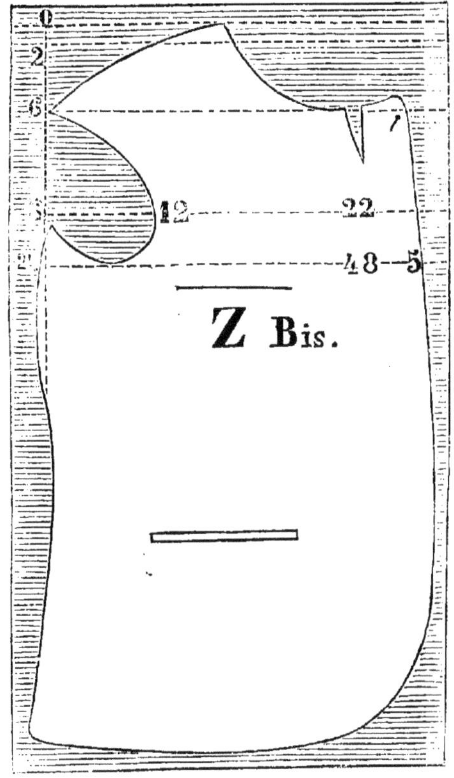
0
2
6
8
2
12
22
48
5
7
Z Bis.

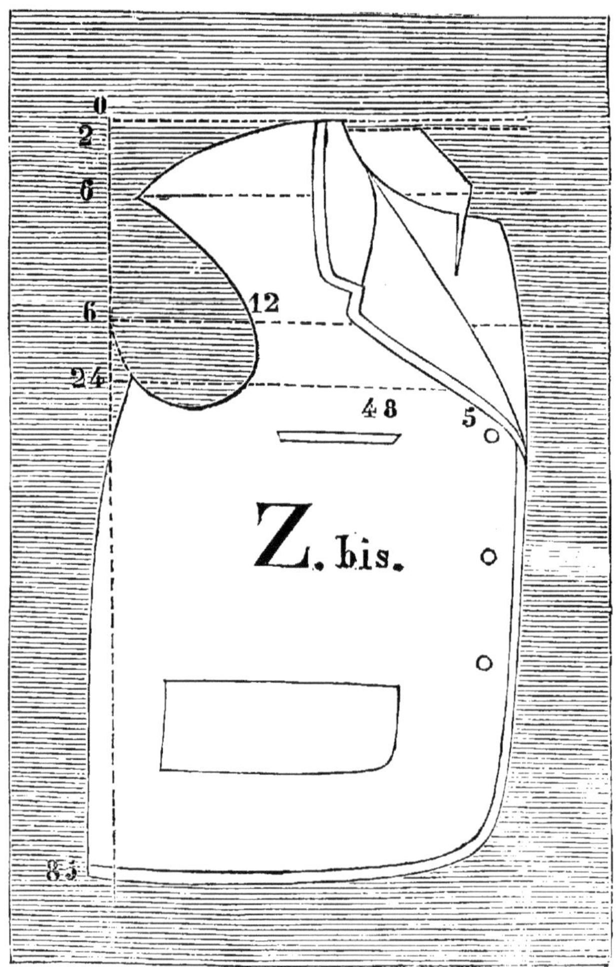
0
2
6
12
6
24
48
5
Z. bis.
85

DEUXIÈME LEÇON

Guérin resté seul réfléchissait à ce qu'il tenterait pour faire cesser toutes ces histoires de commères, lorsque tout-à-coup une idée vint lui traverser le cerveau; idée plaisante sans doute, puisqu'elle amena le sourire sur ses lèvres, lui qui ne riait presque jamais. Jetant aussitôt sa serviette de côté, il se leva, prit sa canne et son chapeau et se rendit sur-le-champ chez les plus notables du village, et là, avec cette courtoisie de l'homme du monde, les invita à dîner pour le lendemain.

Chacun fut bien un peu surpris de cette brusque invitation de la part d'un homme qui ne parlait à personne; néanmoins tout le monde accepta, curieux de connaître celui qui avait paru si peu soucieux de faire leur connaissance depuis qu'il habitait parmi eux. — Lorsque toutes ses invitations furent faites, notre homme rentra chez lui en se disant : si l'on est bavard au village, on y est aussi gourmand, car personne n'a refusé mon dîner; aussi je veux que rien n'y manque, et que mes convives en soient enchantés; ils ne le seront peut-être pas autant du dessert, mais n'importe, nous verrons demain.

Le lendemain à l'heure indiquée, tout le monde fut exact au rendez-vous; chacun prit place autour d'une table circulaire et le dîner commença avec un entrain charmant.

La chair était délicate et les vins des meilleurs crûs; le curé avoua n'en avoir jamais bu de pareil, le baron des Antennes assura que c'était un vrai dîner régence et le maire, M. Grosel, dit, qu'il n'avait jamais rien mangé d'aussi succulent, en mettant dans son assiette la seconde moitié d'un magnifique faisan; les dames, les mains posées délicatement sur le bord de la table, le corps raide comme celui d'un canon et la bouche en cœur, approuvaient par un signe de tête chaque compliment qu'on adressait à l'amphitryon; pour celui-ci, ravi de la bonne humeur de ses convives, il les excitait de la voix et du geste à boire et à manger, et charmait tout le monde par sa politesse et sa gaîté. Au dessert, les têtes furent complètement échauffées; le champagne roulait à flots dans les verres et déliait de plus en plus les langues; en quelques instants toutes les conversations devinrent bruyantes; les femmes riaient entre elles et déchiraient à belles dents leurs meilleures amies; les hommes parlaient politique et promettaient leurs suffrages à Guérin, s'il se portait candidat aux prochaines élections; tout allait pour le mieux, on se faisait de mutuels compliments, on échangeait les mots d'*amis* et de *mon cher*; les hommes convenaient unanimement que Guérin était parfait, les femmes lui trouvaient autant de distinction que d'esprit et chacune en secret formait le projet de l'avoir pour faire sa partie de loto. — Enfin le moment de se séparer arriva et chacun se disposait à prendre congé de notre homme, lorsque d'un ton impératif, il leur fit signe de rester à leur place, qu'il avait quelque chose à dire; puis se levant froid et de cet air qui dit, je tiens ma vengeance; il prit en ces termes la parole :

Messieurs, en venant habiter parmi vous, je croyais trouver cette bienveillance que les hommes se doivent entre eux, mais j'ai reconnu que je m'étais trompé, quoique je susse de science certaine, qu'au village on n'était ni candide, ni discret, ni charitable envers son prochain; mais j'ignorais, je vous l'avoue, qu'on y fût aussi bavard, aussi menteur et aussi curieux que méchant.

Vous avez fait sur moi, que vous ne connaissez pas, les plus folles histoires, ainsi que les inventions les plus incroyables....—Que vous ai-je fait pour cela?—Rien! Ce n'est donc que le plaisir du mal qui vous a fait agir ?... Cela n'est pas bien, Messieurs, car le ciel réprouve le méchant et le punit toujours par où il a péché.

C'est donc pour vous éviter la fatigue de faire de nouvelles inventions sur mon compte que je vous ai tous invité à diner aujourd'hui, afin de vous faire connaître mon origine; c'est-à-dire, ce que j'ai été, ce que je suis, et ce que je voulais être ici ; de cette façon vous ne mentirez plus en parlant de moi ; du moins je l'espère.

Voici en deux mots, mon histoire, retenez-la bien :

Je suis fils et petit-fils de tailleurs ; moi-même j'ai été tailleur, et pendant vingt ans établi dans un des plus beaux quartiers de Paris. — Voilà pour le passé !

J'ai trente mille livres de rente, qui ne doivent rien à personne et que j'ai gagné honorablement. — Voilà pour le présent !

Riche et seul au monde, j'étais venu ici dans l'intention de soulager la misère du malheureux, de créer du travail à ceux qui en manquent, et pensais trouver parmi vous, une famille et des amis ; c'était là, mon avenir, que vous avez repoussé par votre ridicule manie de faire des inventions sur tout le monde ; inventions qui outragent souvent les choses les plus saintes, sans que votre conscience en soit émue le moins du monde. Mais peu vous importe de détruire une réputation honnête, une bonne action ou un sentiment généreux, pourvu que votre langue empoisonnée puisse jeter son venin de médisance sur tout ce qui l'entoure. Voilà, Messieurs, ce que j'avais à vous dire, maintenant vous pouvez vous retirer, nous sommes quittes. Et Guérin reprit sa place sans ajouter une parole de plus.

Les convives étourdis de ce qu'ils venaient d'entendre se regardèrent avec stupéfaction sans rien dire, et sur chaque figure se lisaient le dépit et la honte ; personne n'osait bouger et attendait la tête basse, au milieu d'un profond silence qui rendait encore leur situation plus embarrassante que quelqu'un donnât le signal de la retraite ; lorsque le curé se levant résolument adressa ainsi la parole à celui qui venait d'admonéter si vertement ses invités :

Monsieur Guérin, si quelques personnes du village se sont permis des suppositions mensongères à votre égard, et dit des paroles qui aient pu vous blesser, soyez assuré qu'elles s'en repentent à l'heure qu'il est, car vous venez de leur donner une leçon qu'elles n'oublieront jamais; votre vengeance, quoique juste, va peut-être un peu loin, en disant : que l'on est méchant au village. Non, Monsieur, croyez-le bien, on n'est point méchant au village ; on y est curieux par ignorance, médisant par désœuvrement et bavard par amour-propre. Mais si quelqu'un apprenait qu'une de ses paroles, dites souvent sans que la pensée y participe, ait pu causer la moindre peine; celui qui l'aurait prononcée, s'empresserait de la rétracter et viendrait aussitôt avec toute la franchise d'un repentir sincère faire ses excuses, comme je vous les fais moi-même, Monsieur, au nom de ceux qui vous ont offensé.

Oubliez donc, je vous prie, ce qui a été dit, et que l'avenir que vous vous promettiez s'accomplisse parmi nous, vous serez béni des pauvres, respecté des riches, et vous trouverez ici une famille et des amis dévoués qui seront heureux de vous serrer la main comme je le fais en ce moment, ajouta le prêtre en tendant la sienne à Guérin, et nous nous rappelerons toujours l'homme généreux qui, par sa fortune, apporta non-seulement le bonheur et la joie dans notre pauvre village, mais qui sut aussi par une leçon sévère guérir ses habitants du plus grand des défauts : celui de parler sans savoir, c'est-à dire de médire sans raison.

Guérin, ne pouvant résister aux paroles pleines de bonté du curé, l'embrassa avec émotion et promit de tout oublier; à cette promesse toutes les physionomies s'éclairèrent, le contentement devint général et l'on se quitta les meilleurs amis du monde, avec promesse de se revoir souvent, et depuis cette époque on assure que le démon de la médisance a quitté pour toujours le pays, et que l'amitié et la concorde l'ont remplacé.

Maintenant que nous savons comment notre ami Guérin fit disparaître le démon de la médisance du petit village qu'il habite encore aujourd'hui, où son nom est béni et respecté comme celui d'une seconde providence, revenons à la description de notre méthode et commençons la seconde leçon de la troisième partie par la figure AB, qui représente le dos d'une grosse taille. Ce dos, comme les précédents, s'opère par les mêmes moyens, c'est-à-dire que c'est toujours le tiers de la longueur de la taille prise juste en face les hanches qui fait le haut du côté ; le tiers de la largeur d'écarrure fait toujours la largeur du haut du dos, comme le tiers de cette dernière fait ordinairement la hauteur de la petite carrure ; quant à la largeur du bas du dos, elle se fait selon la mode ; pour la longueur de la basque elle se détermine d'après la mesure.

La figure AB bis, représente le corsage de grosse taille accompagné de sa basque d'habit. Pour peu que l'on ait étudié les premiers plans de notre corsage, on doit voir avec quelle facilité on peut établir toute espèce de corsage, car c'est toujours le même point de départ et même division pour tous, toujours d'après les mesures ; seulement ici le bas du côté dépasse la grande ligne d'aplomb de deux forts centimètres, à cause de la force des hanches qui se portent souvent sur le derrière ; mais lorsque le ventre se porte en avant, les hanches sont plus aplaties, alors on peut faire toucher le bas du côté sur la ligne d'aplomb comme pour l'homme ordinaire, excepté ce changement que le coup d'œil fait reconnaître ; ce corsage s'accomplit comme les autres, seulement on ne retranche rien à la longueur du devant, voilà tout ! Pour la basque d'habit et la jupe de redingote, elles se font comme pour les hommes ordinaires sans en déroger la moindre des choses.

La figure AC représente une culotte courte à petit pont, elle peut par sa forme servir aussi bien de culotte de costume d'apparat que de culotte pour grande livrée, car ce vêtement qui est la véritable culotte française, ne peut se transformer sans changer de caractère ; comme la culotte à l'anglaise à pain de sucre qui ne convient réellement qu'au genre domestique, cette culotte n'a ni grâce ni élégance, aussi n'en parlerons-nous pas, nous en laissons l'exécution aux tailleurs qui se destinent spécialement à la livrée; du reste, avec la culotte que nous donnons, on peut faire tous les genres de culottes, celle-ci étant dans les proportions les plus régulières. L'essentiel de la culotte, c'est-à-dire le point principal, est qu'elle enveloppe bien le genou sans tension, en un mot, que l'homme puisse s'asseoir, faire des armes et se mettre à genou sans éprouver la moindre gêne, pour cela il faut que l'entre-jambe soit coupée presque droite, que sa longueur dépasse le jarret, que le bas du derrière soit fortement échancré, de façon qu'en se pliant la jambe ne soit pas gênée dans ses mouvements. Le bas du devant au lieu d'être creusé comme celui du derrière, est au contraire très-arrondi; ce rond, auquel on met de l'ambu, est pour envelopper régulièrement le genou ainsi que nous venons de le dire; lorsque ce rond est serré juste à la grosseur qu'il faut, on le monte sur une jarretière de la largeur de deux centimètres qui fait juste la grosseur de la jambe, qui sert même un peu, ce qui oblige de faire une ouverture qui se ferme par quatre boutons. La culotte se trace comme le pantalon, c'est-à-dire d'après le même principe.

La figure AD est un pantalon droit, dont le côté du devant est uni à celui du derrière afin de montrer le suçon de la hanche, trouvé par le seul moyen de la mesure; ce pantalon se monte juste et n'a aucune tension, il est régulièrement dans son aplomb.

La figure AE représente le dos d'un habit de toilette pour un homme d'une tenue ordinaire, c'est-à-dire d'une tenue droite. Ce dos est tracé comme les précédents, d'après la longueur prise de la nuque jusqu'à la hauteur des hanches, quant à la longueur de la basque, elle se règle aussi sur la mesure; pour sa largeur, elle est toujours un peu plus large du bas que du haut de quelques centimètres; sur cette largeur est pris le rempli du cran.

La figure AE bis est le corsage et la basque de l'habit de toilette, sa forme est gracieuse et d'une élégance parfaite et peut s'exécuter avec autant de succès que de facilité, nous ne décrirons pas la manière de le tracer, ce serait répéter ce que nous avons déjà dit plusieurs fois, nous dirons seulement que sa large poitrine, ses suçons sur le devant et celui du bas, en font un vêtement de la plus grande élégance et d'une grande perfection, seulement il faut que la confection soit dirigée par un bon ouvrier, sans cela le travail serait ridicule; du reste, un bon ouvrier est la fortune d'une maison, et nos grands tailleurs le savent mieux que personne.

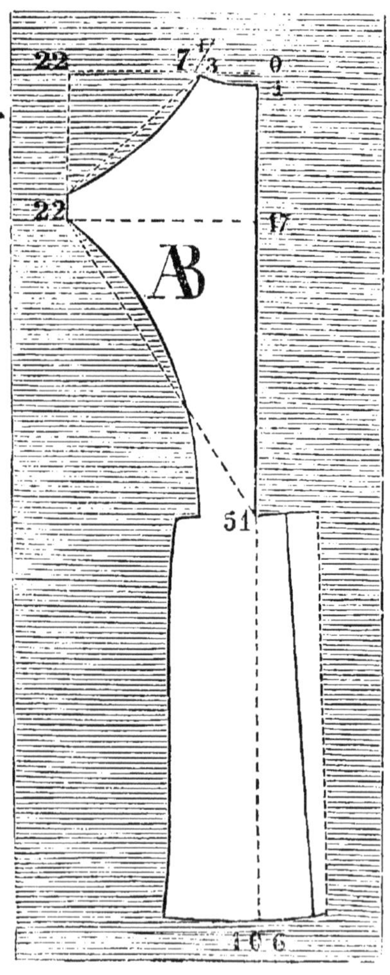

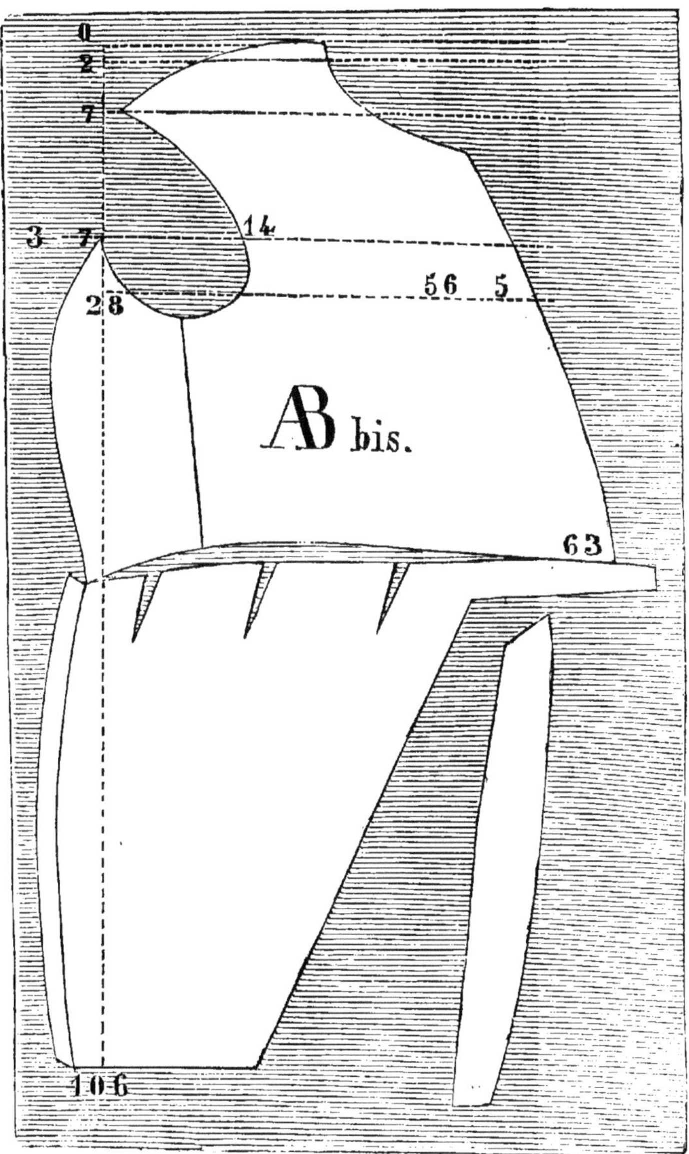
0
2
7
14
3 7
56 5
28
AB bis.
63
106

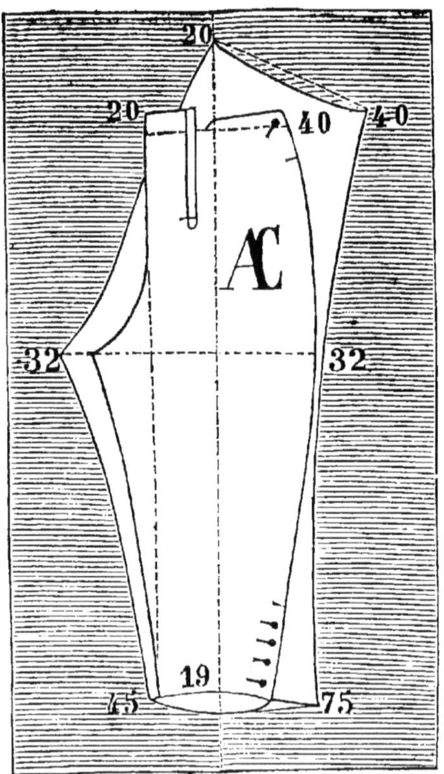
20
20
40
40
AC
32
32
19
75

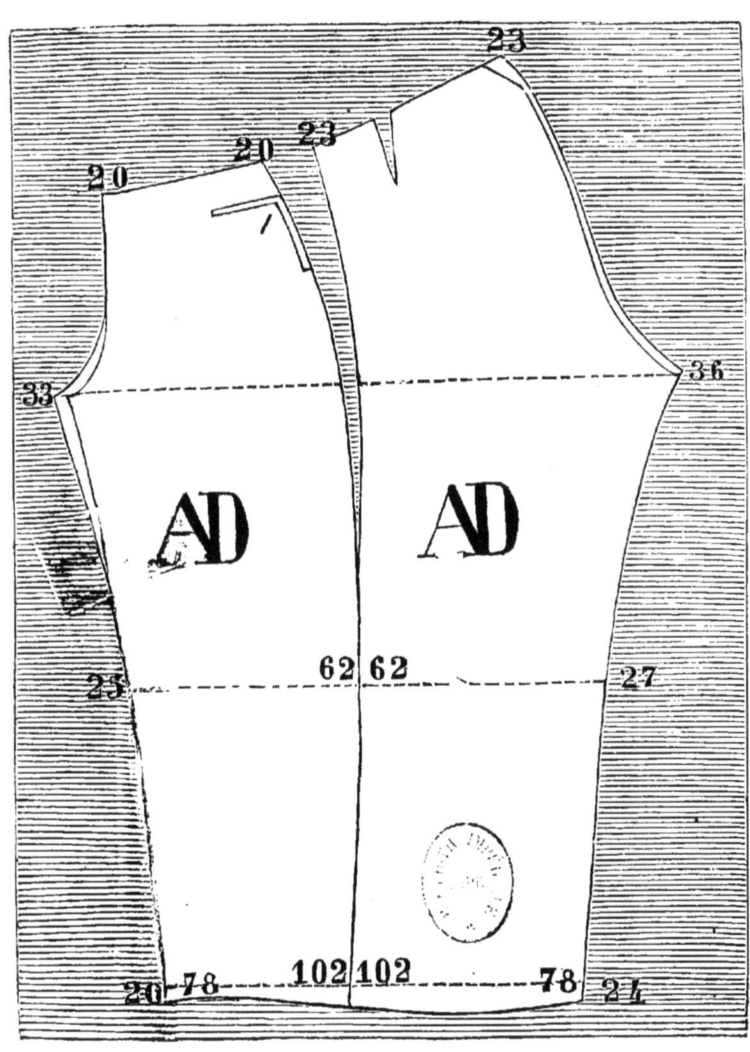
23
23
20
20
33
36
AD
AD
62 62
25
27
20 78
102 102
78
24

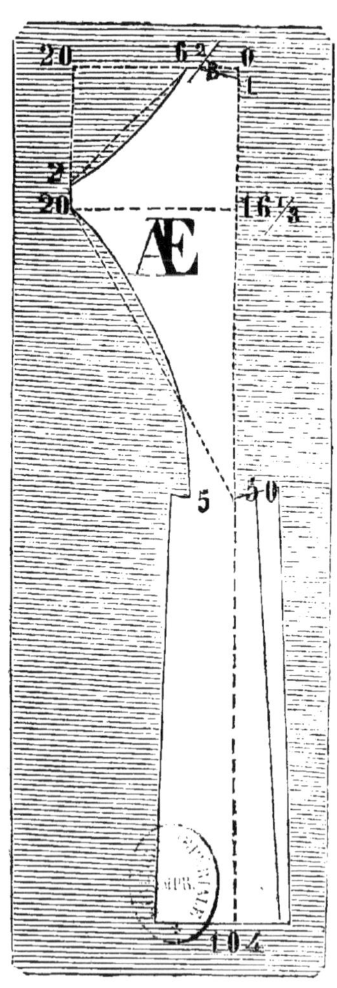
20
6 2/3
0
1
2
20
16 2/3
Æ
5
50
104

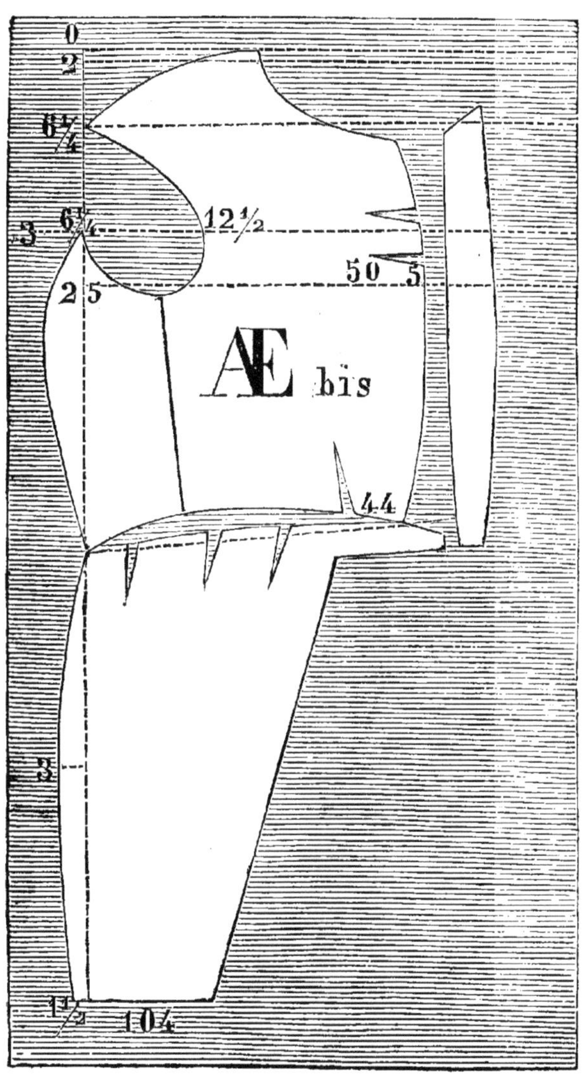
0
2
6¼
6¼
3
12½
50
5
2
5
Æ bis
44
3
1½
104

TROISIÈME LEÇON

La profession de tailleur renferme deux parties bien distinctes : *la confection* et *la coupe* ; ces deux parties sont parfaitement séparées, quoiqu'elles ne puissent exister l'une sans l'autre, ce qui les rend inséparables et solidaires l'une envers l'autre ; ceci posé, nous allons essayer de mettre en lumière laquelle de ces deux parties a le plus d'influence sur les destinées de notre profession, et voir en même temps si le tailleur peut les posséder toutes deux au même degré de perfection.

Commençons par la confection et voyons quelle est son action sur la coupe :

La confection quoi qu'en dise l'orgueil de certains coupeurs, est l'âme du vêtement, car elle est pour lui ce que le soleil est à la terre; elle le vivifie non-seulement de ses rayons, mais lui donne encore la grâce, la beauté, la jeunesse et jusqu'au langage. — La confection embellit toujours la coupe, même la moins favorisée dans ses contours comme dans son application, et lui donne la perfection qu'elle ne saurait avoir par elle-même, si la confection ne venait pas lui donner une forme, une raison d'être, c'est-à-dire, un corps, une âme. — Ce qui donne une fois de plus raison à cet axiome que tous les tailleurs connaissent : *que la confection fait la coupe. et que jamais la coupe n'a fait la confection.*

Or, d'après ce court exposé, il est bien évident que c'est la confection qui a le plus d'influence sur les destinées de notre profession, attendu que c'est à elle que nos vêtements doivent toute leur splendeur. Néanmoins, malgré cette autorité irrécusable, beaucoup de coupeurs placent la confection bien au-dessous de la coupe.

La confection telle que nous la comprenons, demande non-seulement de longues années d'études, mais demande aussi de la jeunesse et du goût, et à celui qui aspire à devenir un *bon ouvrier couseur*, il ne faut pas moins de dix ans d'un travail assidu pour atteindre ce but; tandis qu'il faut beaucoup moins de temps pour faire un bon coupeur, ainsi que chacun le sait.

Plus le *couseur* avance dans son travail, plus il y trouve de satisfaction, plus son goût grandit, plus son expérience se développe et assure son habileté; il se complaît dans ses aspirations, combine avec art les morceaux qui ont composé le vêtement qu'il doit faire, morceaux qui n'auraient aucune valeur séparés, mais qui réunis par lui, deviennent bientôt un tout, une forme, un être, auquel il parle et sourit au fur et à mesure qu'il se perfectionne sous sa main, et ne cesse de lui donner les soins les plus empressés jusqu'au moment où il le rend à son patron et encore en le quittant, il ne peut s'empêcher de lui adresser une dernière caresse, un dernier adieu, tout en le déposant doucement et avec précaution sur le comptoir, et si par hasard il l'aperçoit sur un client, il s'arrête et éprouve aussitôt cet orgueil que donne le sentiment de sa valeur; pour lui la coupe a disparu; il ne voit plus que les élégants contours d'une gracieuse et riche confection, un revers bien placé sur la poitrine, un collet s'étendant sans efforts, des devants bien doublés et un corsage monté avec art, enfin une œuvre à laquelle il n'y a plus rien à retoucher et qui fait honneur à celui qui l'a faite.

Après cet examen il s'éloigne, non sans retourner plus d'une fois la tête, et jeter un coup d'œil de complaisance et de satisfaction sur le travail qu'il a accompli; puis le cœur joyeux, il se rend courageusement à la besogne, et recommence à produire de nouvelles merveilles jusqu'au moment où fatigué de toujours travailler pour les autres, il veut travailler pour son compte personnel, espérant trouver dans la coupe la même facilité que dans la confection qui s'exécute invariablement sur les mêmes bases ; ce qui fait sa force, son succès, et lui donne ce contentement qu'il ne trouvera peut-être pas dans la coupe.

Mais il désire s'établir et par conséquent il doit apprendre la coupe. Il pense trouver dans cette dernière la même invariabilité que dans la confection ; c'est alors que commence pour lui une nouvelle lutte, car la connaissance de la coupe est un mystère aussi difficile à découvrir que la profondeur des mers ; parce que comme ces dernières, elle a ses aspérités, ses dangers, ses écueils et ses mirages, qui font échouer l'imprudent qui s'y livre avec trop de sécurité et le précipitent dans l'abîme sans fond, quand il se croit au port.

La coupe, cette Reine de notre profession, si difficile à connaître et si difficile à contenter, est capricieuse par état, personnelle par orgueil, vindicative et jalouse de ses droits, ne pardonne jamais et brise toutes espèces de rivalités, commande en souveraine absolue, dicte selon son bon plaisir à chacun de ses ministres autant d'arrêts contradictoires et à chacun promet la connaissance de la prescience du corps humain, mais, hélas ! sur ce point chacun sait à quoi s'en tenir, car nous savons tous que :

> L'homme ne prévoit rien, à peine il conjecture,
> Sans guide et sans lumière, il erre à l'aventure.

En procédant par des arrêts contradictoires, c'est jeter autant de semences de discordes dans l'enseignement de la coupe, qui poussent tout naturellement les professeurs à se faire une guerre, non ouvertement, mais occulte ; espèce de bascule qui les divise entre eux, sans faire faire un pas de progrès de plus à la coupe.

Cependant la coupe doit être indivisible et ne peut être interprétée que d'une manière, comme son enseignement doit être le même partout ; or, en procédant autrement, c'est nous éloigner de la vérité, qui seule peut nous conduire au but et qui nous autorise à penser que la coupe que nous possédons aujourd'hui n'est point la coupe primitive, c'est-à-dire celle faite d'après le corps ; coupe simple et réglée comme le cercle des jours et des nuits *alpha et oméga*, principe et fin de tout ce qui est vrai; seulement, nous croyons que ses docteurs, comme tous les docteurs, plus orgueilleux que consciencieux en ont chacun torturé le texte, l'ont traduit suivant leurs intérêts, et en ont fait une tour de Babel dans laquelle nous allons puiser chaque jour l'erreur et le préjugé.

Revenons maintenant à notre *couseur* qui croit trouver dans la coupe la même régularité que dans la confection, et s'imagine qu'il les possédera bientôt au même degré de perfection. Mais malheureusement, plus notre homme avance dans la connaissance de la coupe, plus il oublie l'art de la confection et s'aperçoit bien vite qu'une science se perd au bénéfice de l'autre, et que le même tailleur ne peut posséder tout à la fois, et d'une manière parfaite, la coupe et la confection, et même souvent il lui arrive d'oublier l'une avant de savoir l'autre, ce qui le met dans une situation des plus fâcheuse, et ce n'est que par une volonté suprême qu'il sort de cette espèce d'engourdissement, et à force de peine et de combat il devient coupeur; mais depuis longtemps il n'est plus *couseur*, eût-il toujours conduit ces deux parties ensemble et simultanément, que l'une aurait souffert au profit de l'autre.

Ainsi donc, le coupeur, comme le tailleur, ne sauraient être de bons *appièceurs;* ils commandent ce qu'ils ne pourraient faire eux-mêmes, et souvent il arrive qu'ils ne peuvent expliquer ce qu'ils veulent avoir, et ont recours à la sagacité de l'*appièceur* pour obtenir le genre et la perfection qu'ils désirent; aussi, persistons-nous dans ce que nous avons dit plus haut; que la confection était la partie qui avait le plus d'influence sur les destinées de notre profession, et que le tailleur, quel que soit son talent, ne pouvait être tout à la fois, *bon couseur et bon coupeur*. — A l'un la jeunesse et le goût; à l'autre l'expérience et la pratique. — A la confection, marche régulière et toujours certaine; à la coupe doute et déception, c'est-à-dire à la première travail facile, à la seconde peine et ennui, et toujours ingratitude de la part du client.

Après la métaphysique, voyons la description de la méthode dont le dilemme, quoique des plus prosaïque, n'en n'est pas moins convaincant. — Nous avons fini notre dernière leçon par la figure Æ bis, nous allons commencer celle-ci, par la figure AF. Cette figure représente une jaquette de toilette de fantaisie avec un large renversement selon la mode qui règne; mais comme ce renversement n'est qu'une question de confection, nous nous abstiendrons d'en parler attendu que la mode fait et défait tout ce que nous pourrions dire à ce sujet, aussi l'ampleur qu'on remarque dans quelques-uns de nos corsages, n'est que la fantaisie du moment, peut-être que demain sera-t-elle remplacée par des proportions très exiguës, aussi ces changements de formes ne sont que des détails auxquels nous nous attachons très peu; pour nous, la partie importante est d'abord l'aplomb, l'emmanchure, l'épaulette et le côté, en un mot, toute la partie du derrière, qui doit être régulièrement tracée sur des mesures prises exactement sur le gilet, lorsque le vêtement est ajusté; on ne doit laisser aucune largeur, c'est-à-dire aucune couture, on doit couper très juste, et si l'on veut de la largeur, on la laisse toute sur le devant, mais ne jamais rien laisser sur le derrière, par ce moyen qui est bien simple comme l'on voit, on obtient un excellent résultat.

Le dos de cette jaquette est placé dans la position qu'il doit être, lorsqu'on mesure la grosseur du haut et celle du bas. Le petit côté est seul séparé; le devant et la basque tiennent ensemble, cette dernière selon la mode ou la volonté du tailleur s'arrondit ou se fait carrée sur le devant, et sur le derrière elle s'éloigne toujours de huit centimètres de la ligne d'aplomb, sa longueur se fixe d'après les mesures; quant à la patte qui se trouve sur le milieu de la basque, cet un objet purement de fantaisie qui n'a de valeur que celle qu'on lui donne. Pour les contours de l'épaulette, de l'emmanchure et du côté, les numéros les indiquent suffisamment; c'est du reste toujours la même marche à suivre que nous avons déjà indiquée.

La figure AG est le dos de l'élégant Derby. Il a 62 centimètres de longueur de taille, c'est-à-dire 14 ou 16 centimètres de plus que sa longueur ordinaire; sa largeur d'écarrure est de 19 centimètres; celle qui fixe le bas de la petite carrure est de 21 centimètres et demi, et celle du bas de la taille de 18 centimètres; cette dernière largeur est presqu'invariable pour toutes les grandeurs de ce vêtement, excepté pour les grosses tailles; l'ouverture du bas de la taille a 20 centimètres de hauteur et se ferme par trois boutons. Le pli du côté est souvent orné d'un faux pli, selon la fantaisie du tailleur.

La figure AG bis, est le devant du Derby, celui que nous avons donné figure V ter. Seulement à celui-ci, nous avons figuré le collet et avons formé un châle à large renversement, ne boutonnant que le bouton du bas, ce qui est fort gracieux sans doute, mais que la mode peut changer selon sa volonté ou la mode du jour. Nous l'avons tracé sur les mêmes mesures que celui de la figure V ter, c'est-à-dire de 46 du haut et 40 du bas; nous avons dessiné la double piqure autour du collet, des devants et des poches, pour montrer que c'est l'ornement de rigueur de ce vêtement; il y a des tailleurs qui remplacent cette double piqure par un large galon posé à cheval, mais la piqure est généralement préférée comme solidité; l'emmanchure se fait comme celle du twine, et à partir de ce point on trace le côté et on l'arrondit doucement jusqu'au bas de la cambrure que l'on creuse de cinq centimètres à partir de la ligne d'aplomb. Le bord de la patte doit suivre le bord du pli.

La figure AH représente une redingote-paletot forme ajustée; nous avons figuré sur notre tracé la plupart des mesures que les tailleurs prennent ordinairement pour combiner leur coupe, et desquelles nous nous servions nous-mêmes autrefois; mesures bonnes sans doute, mais que nous avons été assez heureux de supprimer en partie, c'est-à-dire que nous les avons réduites aux deux grosseurs du torse; celle du haut et celle du bas, qui, combinées avec les trois lignes de notre méthode, remplacent toutes les mesures que le tailleur peut prendre, seraient-elles au nombre de quinze ou dix-huit comme quelques personnes les prennent. Cette figure est tracée pour une tenue droite et d'une taille ordinaire, elle est construite sur une grosseur de 48 comme étant plus facile à partager, quoique toutes aient la même facilité, même avec des fractions; la jupe se fait comme celle de la redingote ordinaire, pour l'ampleur comme pour l'aplomb, seulement elle se fait plus courte et s'arrondit sur le devant, mais dans cette circonstance mieux vaut consulter le goût du client.

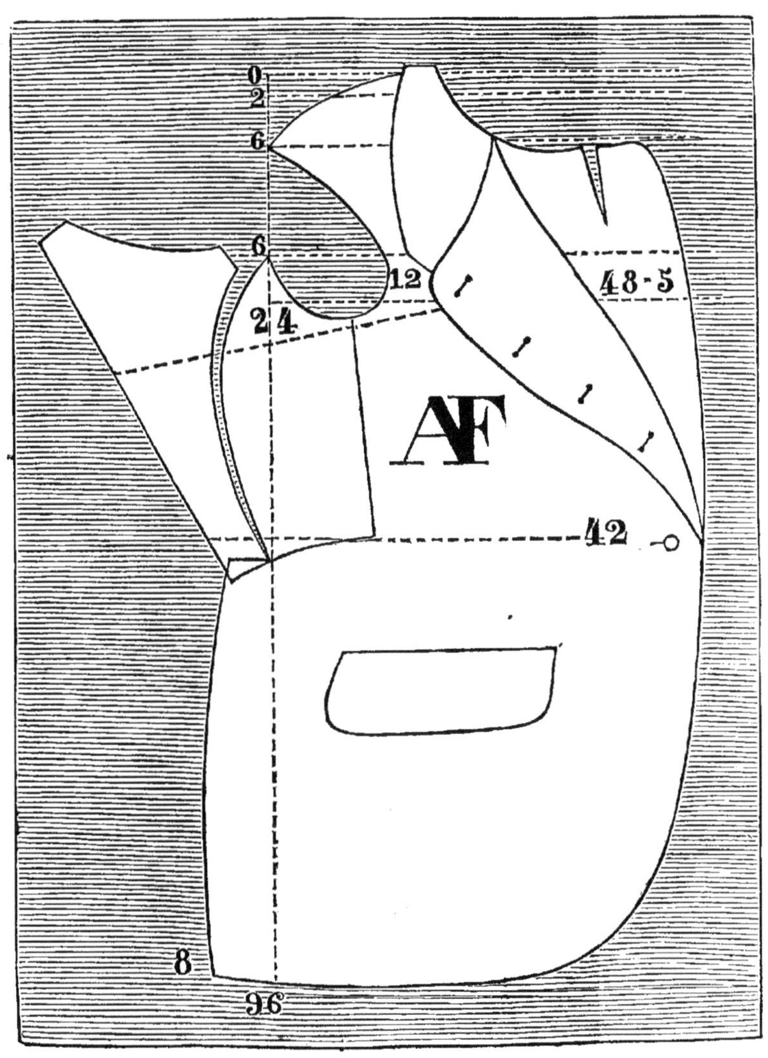
0
2
6
6
12
48-5
24
AF
42
8
96

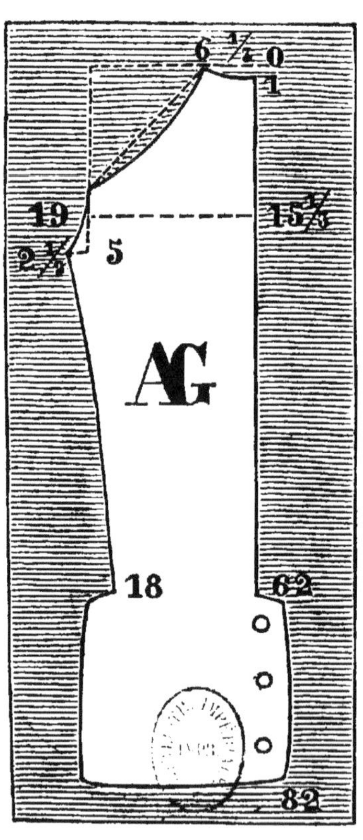
6 ½ 0
1
19
15⅓
2⅓
5
AG
18
62
82

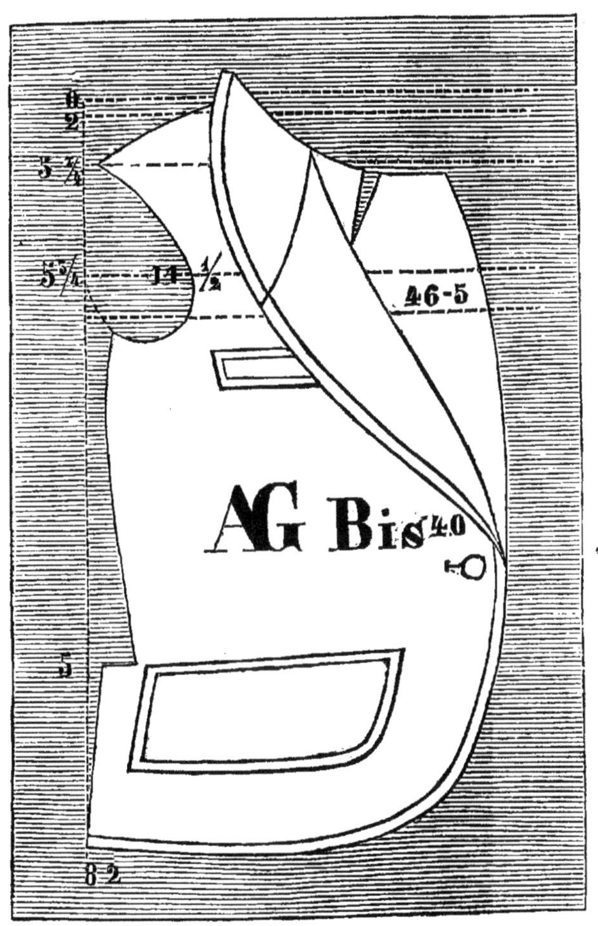
0
2
5 ¾
5 ¾
14 ½
46-5
AG Bis 40
5
82

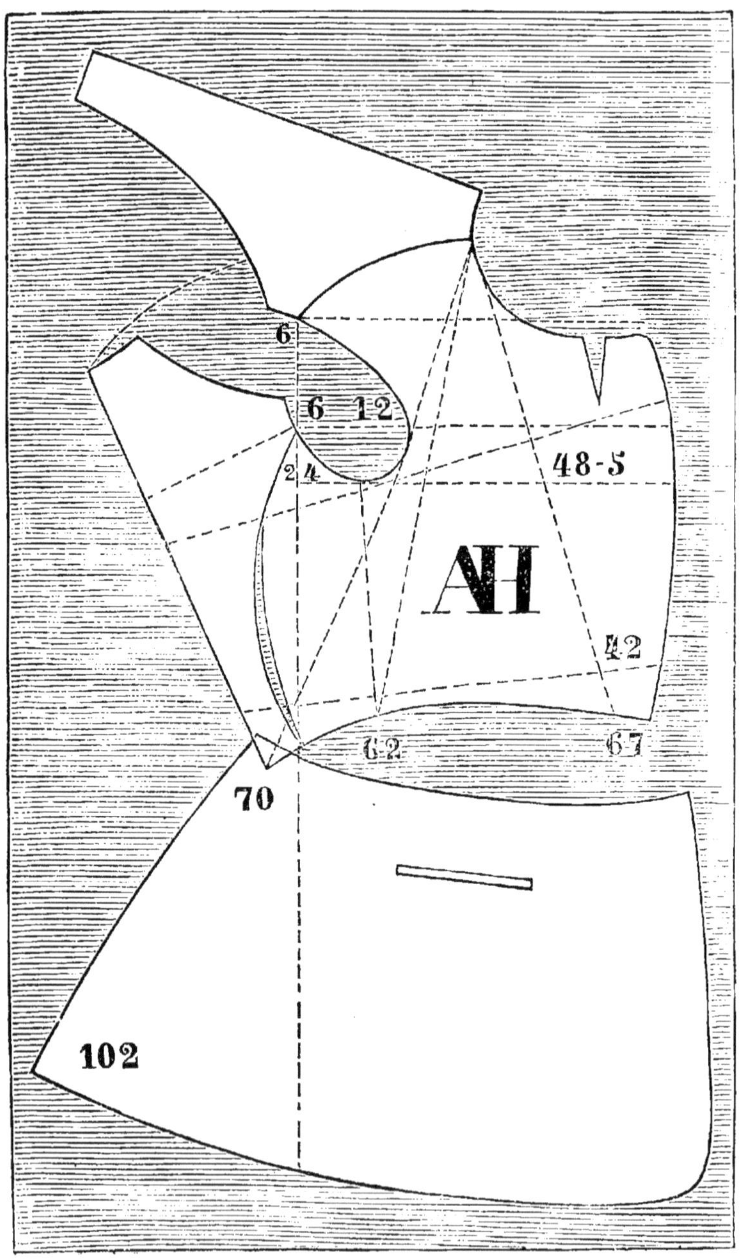
6
6 12
2 4
48-5
AH
42
62
67
70
102

QUATRIÈME LEÇON

Ainsi que nous l'avons dit, dans notre dernier numéro, la coupe est la reine bien-aimée de notre profession; seulement elle ne répond pas toujours à notre affection, car elle se plaît souvent à nous tyranniser en nous suggérant des difficultés, où nous désirerions ne trouver que satisfaction et joie.

Cependant, avec le temps, l'expérience et la pratique, on finit parfois, par obtenir quelques-unes de ses faveurs, qui sont rarement durables, car au moindre oubli, elle vous éloigne de votre route, brise toutes vos combinaisons et vous fait retomber dans le doute, et si par hasard vous la rendez constante après de longues années d'un travail assidu, et après avoir vieilli sous le harnais, vous subissez alors le ridicule préjugé de la société, qui veut qu'un coupeur âgé ne soit plus capable de rien; c'est-à-dire qu'au moment où il est arrivé à l'apogée de sa science, où il est réellement coupeur, c'est alors, disons-nous, qu'on lui conteste son savoir, et qu'on le force en quelque sorte à se retirer, à cet instant où il pourrait rendre les plus grands services à la corporation tout entière, en lui apportant son talent, sa grande expérience et sa longue pratique; mais on repousse tous ces éléments de succès parce que celui qui les possède est vieux, et à notre époque de progrès, c'est un défaut capital qui vous condamne sans appel et vous retranche de cette jeunesse qui se croit souveraine en toute chose, qui pense souvent posséder la science infuse, lorsqu'elle connaît à peine l'A B C du métier. — Mais que font ces considérations à notre époque?

Travail et talent ne sont que des accessoires dans ce siècle de lumière où l'on interroge les morts pour se moquer des vivants; le point essentiel est de savoir se poser comme *un aigle,* lorsqu'on est qu'un *affreux hibou*, et cela s'appelle souvent être négociant.

Le négociant n'a pas toujours besoin de talent; il lui suffit souvent, hélas! de beaucoup d'*aplomb*, avec cela il devient quelquefois millionnaire au bout de dix ans, et il se croit alors un génie d'intelligence et de perfection!...

Il se manifeste ordinairement chez le tailleur, avant qu'il atteigne à la vieillesse, trois époques, trois hommes, trois coupeurs, de talents et de sentiments contraires; c'est-à-dire le coupeur de vingt ans, celui de trente et celui de cinquante. Le premier, comme tous les jeunes gens, voit tout en beau, voit tout facile et se jette avec enthousiasme dans les idées les plus contradictoires au chemin qu'il suivra, à la seconde période de son âge, c'est-à-dire à celle que lui tracera la vie positive et réelle, qui changera une à une ses illusions en déceptions amères; car la vie que l'on se fait si belle à vingt ans, n'est souvent qu'un tissu de peines, de tourments et de chagrins pour le travailleur que le sort a mis à la merci des caprices humains.

Le jeune tailleur qui apprend la coupe, oublie tout pour ne penser qu'à elle; il y songe le jour, il y rêve la nuit, et partout il la voit avec sa perfection, car pour lui tout est possible et tout peut se faire avec succès. Il pense que la réussite doit toujours accompagner la coupe, et par conséquent doit être toujours certaine; aussi, pénétré de cette croyance, il s'étonne que les maîtres tailleurs puissent avoir autant de retouche, lorsqu'une chose est si facile à faire, et dans sa candeur juvénile les taxe de maladroits et espère bien ne pas tomber dans la même faute, et pour mieux réussir il se livre avec transport au tracé auquel il donne toute son attention, convaincu que c'est là où repose tout le secret de la coupe; aussi il se complaît dans des contours gracieux, dans une emmanchure bien arrondie, dans une poitrine ample et riche; il imite toutes les coupes qu'il a vues, et les plus excentriques lui paraissent toujours les meilleures; il cherche les difficultés, non de la coupe, mais du tracé, qu'il surcharge de lignes inutiles et de combinaisons bizarres, il désire l'impossible et veut dans son ardente imagination trouver la pierre philosophale, qui est pour lui la perfection du dessin et non celle de la coupe ; il s'entoure avec bonheur de tous les objets qui ont quelques rapports avec son travail, c'est-à-dire de tous ces instruments aux noms barbares, qui sont plus embarrassants que nécessaires, et qui n'ont de véritable utilité que pour l'inventeur, et pour le professeur qui a l'esprit de s'en servir.

Aussitôt son cours terminé, il s'empresse de se placer et se présente à son patron chargé d'un arsenal de règles, de compas et d'équerres, sans compter les instruments qu'il a mis en réserve pour les occasions difficiles, car à notre époque de progrès, les professeurs ont tout prévu pour faire arriver leurs élèves à des résultats certains, et pour cela ils ont inventé des instruments pour tous les cas réservés; et vous savez, cher lecteur, qu'il y a *bon nombre de cas réservés dans notre profession*, ce qui n'est pas une petite affaire; aussi, nous ne saurions trop applaudir à cette grande manifestation de l'art, et engager ces Messieurs à étendre leur sollicitude jusque sur la santé de leurs élèves, qui attrapent parfois des rhumes en se rendant à l'instruction du cours.

Notre jeune initié est accepté et entre aussitôt en fonctions, mais, hélas! les riants tableaux que son imagination s'était plue à parer des plus belles couleurs, s'assombrissent à mesure qu'il coupe, et il ne tarde pas à reconnaître qu'un beau dessin n'habille pas toujours bien, et que des lignes trop multipliées nuisent non-seulement à l'exécution de la coupe, mais à son résultat et surtout à la rapidité du travail que tous les chefs de maisons demandent avant tout; car pour eux, il leur faut de la rapidité sans calcul et de la réussite sans combinaison; ils rejettent de toutes leurs forces les lenteurs des démonstrations artistiques et académiques, qui figurent toujours mieux sur un comptoir que sur le corps.

C'est alors que commence pour notre jeune coupeur, cette longue série de tribulations, par laquelle nous passons tous, et il arrive non sans peine, après avoir modifié sa méthode de bien des manières, à la seconde période du coupeur, c'est-à-dire à celle du coupeur de trente ans.

A cette époque il a perdu depuis longtemps une bonne partie de ses illusions, mais il en conserve encore; son enthousiasme a disparu avec les désagréments du métier et les caprices ridicules d'une clientèle plus ridicule encore; mais sa jeunesse lui reste, et cette jeunesse, tout expérimentée qu'elle a été pendant dix ans, par des retouches sans fin, et des ennuis de tous genres, cortége inséparable de l'inexpérience, a toujours des tendances à l'excentricité; il coupe mieux qu'à vingt ans, mais il a beaucoup plus d'orgueil et n'accepte de conseils de personne; il trace à grands traits ses innovations et les exécute avec art; plus artiste que coupeur, il saute à pieds joints sur tout ce qui peut le gêner dans son travail et ne trouve d'autres moyens de réussite que de modeler son vêtement sur le corps même de son client, sans se préoccuper des retouches auxquelles ce système entraîne, mais que lui font ces considérations pourvu qu'il arrive à son but? Il y arrive en effet, mais toujonrs à des conditions fort onéreuses, ce qui nous fait supposer qu'il a dû puissamment contribuer à la création du noble corps des Pompiers, mais il est convaincu qu'on ne peut faire un vêtement sans le faire passer par toutes les filières de la *rèche*, c'est-à-dire de la pompe.

Cependant avec le temps, ses idées d'excentricité se modifient, et au fur et à mesure que son expérience grandit, il devient plus modeste, parce que sa longue pratique lui a appris que pour étendre gracieusement un morceau de drap sur le corps il ne fallait que des moyens simples et non cette ridicule manie de faire de l'art que la jeunesse aime tant, et qu'elle met si mal en pratique; il arrive enfin à la troisième période du coupeur, c'est-à-dire du coupeur de cinquante ans, avec toutes les connaissances d'un talent sérieux et bien supérieur, celui des deux époques que nous venons de citer; aussi habile que prudent, il obtient les plus heureux succès, et bientôt il atteint à l'apogée de la science; mais hélas! il est trop tard pour lui, patrons et clients lui crient qu'il a cinquante ans, qu'il ne peut plus espérer la confiance d'une jeunesse folle, ni celle d'une vieillesse absurde, qui croit tromper le temps en se faisant habiller en *Léandre*. Il faut qu'il se retire au moment où il est réellement coupeur........ Que voulez-vous, cher lecteur? le monde est ainsi fait; il faut bien l'accepter tel qu'il est; seulement, cela ne prouve pas en faveur du progrès qui rejette la raison pour les grelots de la folie et qui préfère l'apparence à la réalité.

Triste raisonnement qui ne fait pas la gloire de notre époque, ni l'éloge de nos sentiments envers ce qui est juste et parfait, c'est-à-dire envers le talent supérieur, et nous ravale singulièrement aux yeux de l'homme sérieux et du penseur.

Maintenant que nous savons que les ridicules préjugés frappent d'anathème le tailleur de cinquante ans, et le forcent en quelque sorte à renoncer à une science qui lui a coûté trente ans d'un travail aussi pénible qu'assidu et duquel il pouvait tirer le plus excellent parti, soit pour lui, soit pour autrui, nous devons songer qu'il va végéter comme le plus infime des tailleurs, et tout cela, parce qu'il a cinquante ans. Pauvre humanité! malgré les sublimes théories de nos grands penseurs tu seras toujours aussi folle et aussi injuste envers le travailleur. Mais en voilà assez sur ce sujet, revenons à l'explication de notre méthode que nous avons laissée à la figure AH, et que nous allons continuer par la figure AI. Cette figure représente une jaquette Chantilly ou jaquette à taille prolongée, c'est-à-dire la taille dépassant les hanches de six à sept centimètres. Pour établir ce vêtement on opère comme pour tous les corsages qui précèdent, c'est le même point de départ, la même division et le même résultat, seulement, ce Chantilly moins ajusté que celui que nous avons déjà donné, tombe droit par derrière sans presque dessiner le torse. Pour obtenir ce résultat, nous avons fait simplement dépasser la ligne d'aplomb de quatre à cinq centimètres, du bas seulement, car la pointe du haut du côté reste fixée sur la ligne d'aplomb et le côté est légèrement creusé ainsi qu'on le voit par la figure, le suçon de dessous le bras suffit pour faire prendre régulièrement les contours du derrière du torse. Dans le bas, la basque dépasse la ligne d'aplomb de dix centimètres; sa longueur et sa forme dépendent un peu de la mode et un peu du goût du tailleur; néanmoins pour ce genre de vêtement, les basques se font généralement courtes.

Quant à la forme des devants elle est entièrement soumise aux exigences de la mode.

La figure AJ est le corsage et la basque d'une jaquette de fantaisie pour un homme d'une tenue renversée ; cette figure s'exécute comme pour l'homme droit, mêmes lignes, mêmes dimensions; les mesures seules font la différence de la tenue sans aucun effort de combinaisons. Seulement, comme l'homme renversé porte la tête en arrière, s'appuie un peu sur ses hanches et a les épaules basses, cela demande un côté plus court et une épaulette plus abattue, pour obtenir ce résultat, qui est des plus faciles. On n'a qu'à abaisser la pointe de l'épaulette d'un centimètre au-dessous de la ligne sur laquelle elle repose ordinairement, et le même changement se fait également subir à la pointe du côté; de cette façon l'épaulette se trouve plus longue et le côté plus court, ce qui convient à un homme renversé; mais avant d'établir ces changements au corsage, on commence par les faire au dos, de la manière qui suit: on descend tout simplement la ligne de l'équarrure d'un centimètre au-dessous du tiers; ce léger changement suffit pour rendre l'épaulette plus longue et le côté plus court; et, comme d'après la mesure le dos est étroit, c'est-à-dire a peu de largeur d'équarrure, il arrive encore quelquefois qu'on le cintre afin de lui faire faire le creux des reins, mais pour cela, il faut que l'homme soit maigre, autrement cela est inutile. (Voir la figure pour le dos et le corsage.) Une fois que les changements que nous venons de signaler sont faits, on rapproche le dos du côté, et l'on établit la grosseur du haut et celle du bas, comme pour l'homme ordinaire, seulement, comme l'homme renversé n'a presque pas de largeur sur le derrière, toute sa largeur se porte sur le devant, ce qui lui donne une large poitrine et une longue encolure, que l'on modifie par des suçons, ce qui oblige à donner un centimètre de plus au bas du devant. Comme l'on voit, ce changement est bien simple, et cependant, il suffit pour transformer complètement la coupe et lui donner la forme de l'homme renversé. Du reste, en examinant chacune des figures que renferme notre méthode, il sera facile au tailleur de couper toutes espèces de vêtements pour peu qu'il lise avec attention les explications que nous avons données.

La figure AK est le gilet d'un gros homme; il se trace comme le gilet ordinaire et en suivant les mêmes proportions; seulement, comme il est plus gros du bas que du haut, cela oblige à joindre juste le côté du dos à celui du devant par une ligne droite et sans séparation; de cette manière, le gilet une fois mis tombe droit et se place parfaitement sur l'ampleur du ventre et sans tiraillement aucun, la boucle seule l'ajuste au point qu'il lui faut, et par ce moyen le gilet ne remonte jamais, ce qui fait sa beauté. Nous avons tracé sur le devant deux formes afin de montrer au lecteur, qu'une fois le gilet tracé dans son aplomb, on peut lui donner tous les genres désirables.

La figure AL forme le premier plan du pantalon, c'est-à-dire la ligne d'aplomb sur laquelle s'établit l'entre-jambe, cette ligne se divise par quatre lignes horizontales : celle qui marque la hauteur du devant, celle de la cuisse, ou hauteur d'entre-jambe, celle du genou et celle du bas, puis on fait une ligne qui part du genou jusqu'au bas et qui s'éloigne de la ligne d'aplomb de deux centimètres (du bas seulement), voilà pour le premier plan, figure AL.

La figure AM représente le second plan du pantalon qui forme le devant; pour former ce dernier, on commence par établir la fourche qui est toujours de six centimètres pour une grosseur de cuisse de trente à trente-six, au-dessous, la fourche est de cinq, comme au-dessus elle est de sept, mais jamais davantage. Une fois ces six centimètres posés, on élève la fourche de deux centimètres afin de bien la faire toucher, puis on la forme en passant sur chacun des coins, ce qui rend la fourche peu creusée; puis on marque la grosseur de ceinture 20 pour 40, puis celle de cuisse, 31 pour 33 (c'est par erreur du graveur que le chiffre 34 se trouve à la place du chiffre 31 qui est le véritable). Ainsi donc, sur la grosseur de cuisse, comme sur celle du bas, on retranche toujours deux centimètres comme par exemple, si la cuisse a 33 comme celle de la figure qui nous occupe, on retranche 2 et l'on marque 31, on en fait autant pour le bas qui a 22, alors on marque 20, puis une fois tous ces points posés régulièrement d'après les mesures, on trace facilement le devant du pantalon en passant sur chacun des points. Voilà pour le deuxième plan.

La figure AN (qui a AM par erreur) forme le troisième plan du pantalon, c'est-à-dire le derrière. Pour établir cette seconde partie, on commence par prendre le milieu de la largeur de cuisse, à partir de la ligne d'aplomb seulement, c'est-à-dire en retranchant la fourche; or, cette largeur reste de 25, la moitié est donc par conséquent de 12 1/2, ces 12 1/2 se répètent en haut, toujours à partir de la ligne d'aplomb, puis on tire une ligne droite qui passe sur ces deux points 12 1/2 et qui dépasse le devant de dix centimètres, ces dix centimètres fixent l'aplomb du derrière. A partir de ce point on termine la grosseur de ceinture en ajoutant trois centimètres de plus pour le suçon de la hanche, ce qui finit de donner le renversement du pantalon : puis, si la fourche a six centimètres, on ajoute quatre de plus pour celle du derrière, puis trois au genou et deux au bas; on répète ensuite la même division sur le côté, et l'on trace le derrière en passant sur chacun des points que nous venons de démontrer, et l'on est certain que le derrière comme le devant est dans un aplomb parfait.

La figure AO représente une manche ordinaire, sa longueur est de 20 d'équarrure, 54 du coude et 84 de toute longueur; sa grosseur est de 21 du haut et de 15 du bas. Pour former la manche on commence par tirer un carré long à la grosseur du haut 21, puis on prend les deux tiers de cette grosseur 14, qui donne la distance de la ligne horizontale sur laquelle on place le troisième tiers 7; c'est au moyen de ce point 7 que l'on forme le rond de la manche en décrivant une portion de cercle; une fois le haut de la manche terminé, on procède à sa longueur et à sa grosseur du bas 15, puis on la complète en la traçant tel que le dessin la représente.

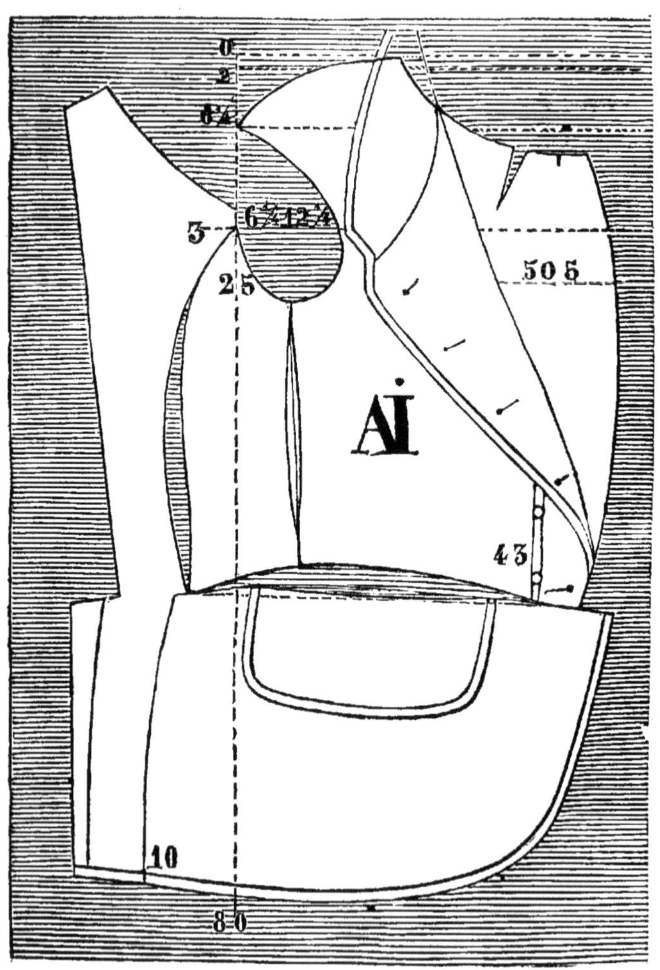

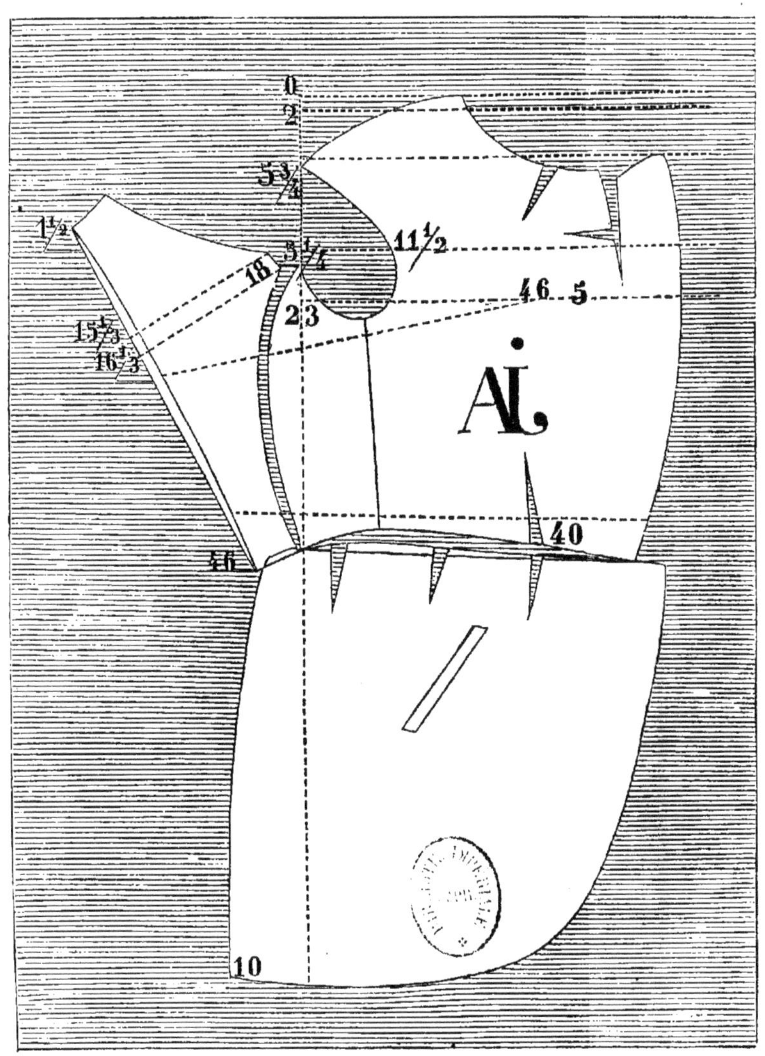
0
2
5 3/4
1 1/2
11 1/2
18
5 1/4
2 3
46 5
15 1/3
16 1/3
A1
40
46
10

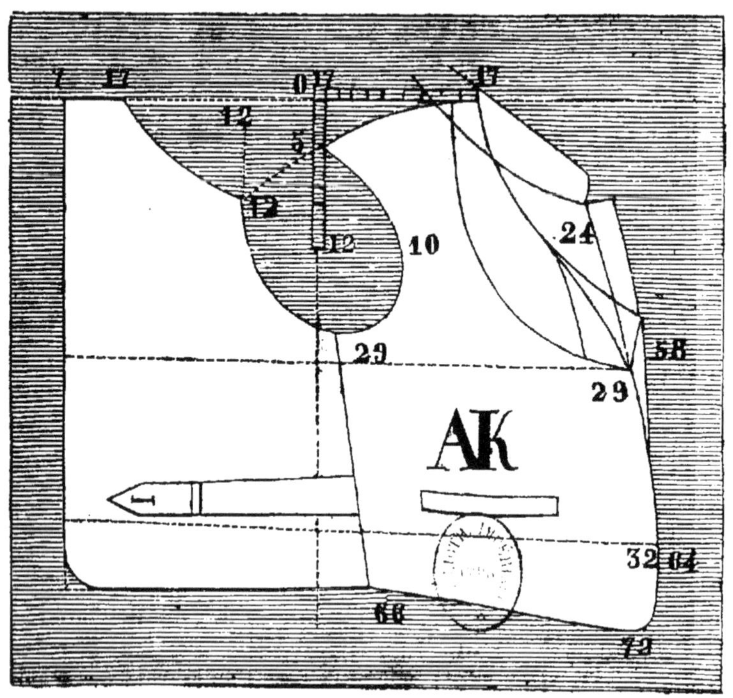
7
17
0
17
17
12
5
12
12
10
24
29
58
29
AK
32
64
66
72

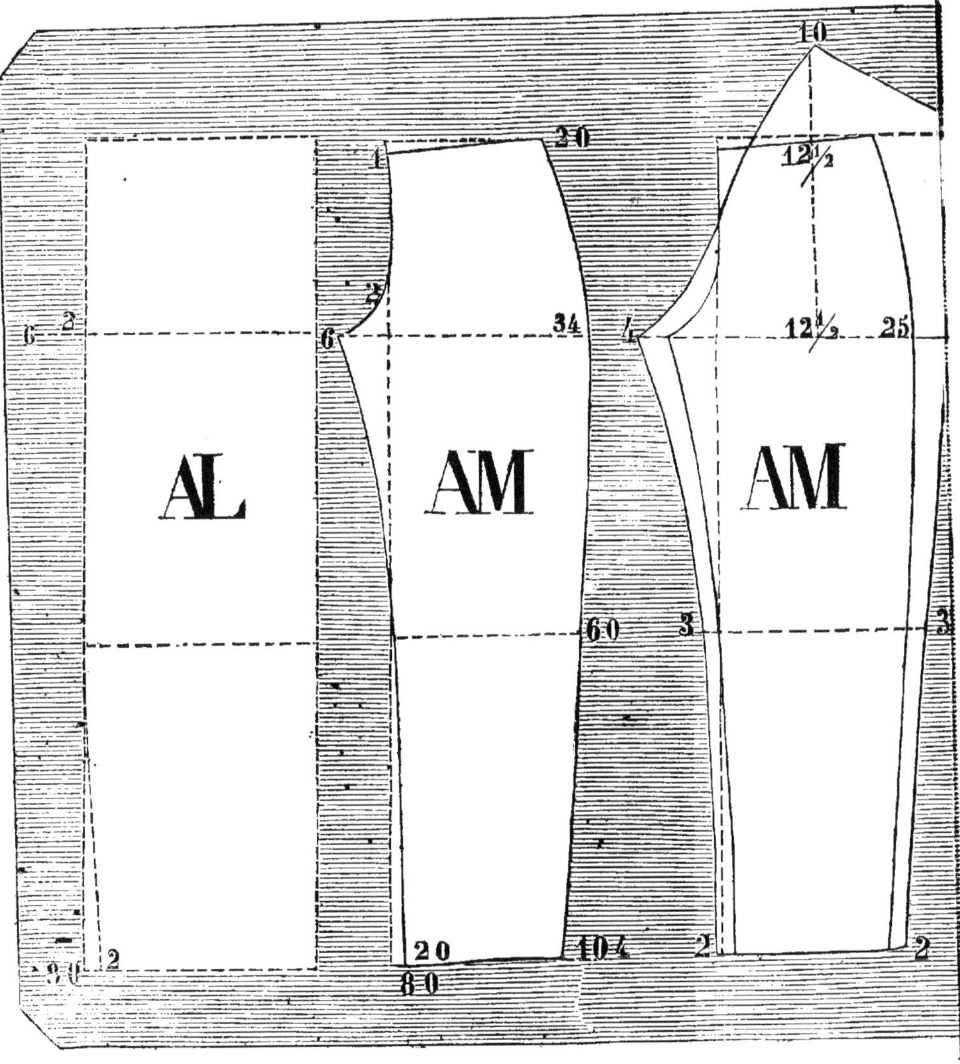
AL
AM
AM
10
20
1
12½
2
6
2
6
34
4
12½
25
60
3
3
2
20
104
2
2
80
80

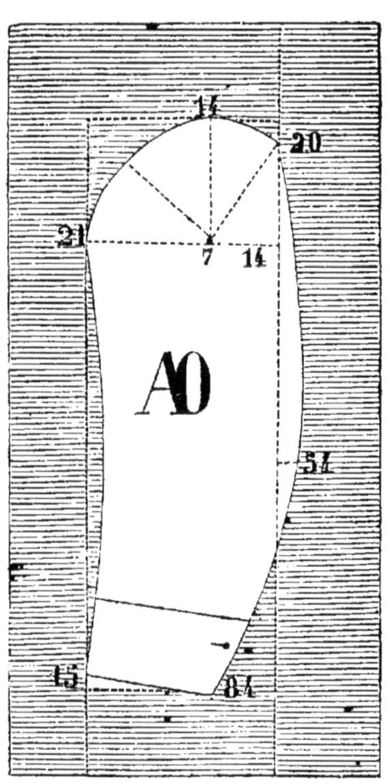
14
20
21
7
14
AO
54
15
84

CONCLUSION

La méthode finissait tout naturellement avec la précédente leçon, c'est-à-dire avec la figure AO, qui représente pour nous la dernière partie de notre travail ; mais nous avons pensé que nous ne pouvions terminer ainsi l'instruction de notre cours de coupe, sans ajouter au moins quelques mots qui expliquent le but de cet ouvrage, que nous livrons aujourd'hui au public.

Le voici :

Notre but a été tout simplement d'aider l'intelligence du jeune tailleur auquel ce livre s'adresse tout particulièrement ; nous avons voulu, disons-nous, lui donner une marche certaine à suivre et d'une facile exécution, et lui épargner surtout l'ennui de ces démonstrations artistiques si contraires à la réussite de la coupe et que les princes de notre corporation admettent comme le *nec plus ultra* de la science ; non comme une chose pratique, mais comme une ornementation qui doit donner, disent-ils, plus de valeur au tracé, comme si le tracé était le point fondamental de la coupe, lorsqu'il n'en est que les rayons plus ou moins lumineux qui n'en cachent que trop souvent le disque ; mais ces considérations ne sont rien, pour celui qui veut trouver dans les difficultés une science abstraite qui est un non-sens à l'endroit de notre profession.

Ainsi donc, pourquoi prendre tant de chemins détournés, pour appliquer un morceau de drap sur le corps? A quoi bon se donner des airs de docteur pour couper un vêtement, que tous les tailleurs peuvent exécuter avec le même succès? car n'en déplaise à messieurs les doctes professeurs; toutes les coupes habillent, même celle du plus infime praticien, ce qui prouve que la coupe peut s'exécuter sans règles comme sans point de départ et que l'on peut arriver au même but, avec seulement la mesure et le coup d'œil. — Alors pourquoi ce fatras de paroles et de lignes inutiles, qui ne servent qu'à augmenter les difficultés sans profit aucun? Pourquoi vouloir métamorphoser notre profession en un art mathématique, comme si le corps humain avait des proportions régulières? En un mot, c'est se donner une peine puérile qui satisfait seulement l'orgueilleuse vanité d'une raison en démence qui se croit une puissance, lorsqu'elle n'est qu'erreur, faiblesse et préjugé; laissons donc l'art à la peinture et à la sculpture, et soyons tailleurs avant tout, faisons notre état avec amour, avec ce sentiment de justesse qui convient au travail consciencieux, mais ne lui donnons pas plus de valeur qu'il n'en mérite, car c'est nous rendre ridicules aux autres et à nous-mêmes.

Assurons notre avenir par notre labeur et rendons-nous dignes de l'estime des hommes; vivons modestement dans la classe des artisans; classe honorable, intelligente et toujours bénie de Dieu, qui est la force et la richesse des Etats. — Soyons moins artistes, mais soyons plus unis et nous serons forts et respectés de tout le monde, sans avoir besoin de nous élever au rang des demi-dieux, lorsque nous ne sommes que de simples mortels; laissons l'art à qui de droit, et contentons-nous d'être tailleurs dans toute l'acception du mot; car l'art ne peut s'allier avec une profession que la mode rend continuellement mobile et sans base aucune, et qui ne repose que sur un caprice frivole, qu'un autre vient aussitôt détruire pour être remplacé à son tour. Comment penser à faire de l'art avec une chose sans lendemain? Comment nous poser en artistes, quand nous n'avons quelquefois pas la moindre idée du vêtement que nous allons faire, et si nous le faisons, ce n'est que par intuition et non par une connaissance scientifique. Or, la pensée de mettre notre profession au nombre des arts libéraux n'a pu entrer que dans la tête de quelques pauvres fous aveuglés par l'orgueil.

Toutes les méthodes qui ont paru jusqu'à ce jour, ont été insuffisantes à nos besoins ; et cependant chaque auteur a cru en livrant son œuvre au public, donner des bases certaines et invariables à la coupe, tandis qu'il n'a donné qu'un travail à peine élémentaire, figurant presque toujours une coupe impossible; d'autres ont cru ; et ce sont les *maîtres-ès-arts*, qu'en établissant leur coupe au moyen d'un grand nombre de lignes et de chiffres, ils pouvaient atteindre toutes les difficultés du corps humain et même le rendre parfait en dépit de la nature. Mais, hélas ! ils n'ont produit que des difficultés sans résultat et après avoir chanté leur œuvre sur tous les tons et sur toutes les gammes, et avoir fait un grand bruit parmi le monde des tailleurs, ils ont fini par faire comme la montagne en travail, *d'accoucher d'une souris*, c'est-à-dire qu'ils n'ont produit que les choses les plus ordinaires.

Du reste, ici, il y a une preuve irrécusable de la faiblesse des méthodes ; c'est qu'aucune d'elles, quel que soit le talent de leur auteur, n'a eu un résultat immédiat et sans retouches. Or, cela est l'histoire de toutes les coupes, même de celles qui n'ont aucun principe ; ce qui fait que les méthodistes comme les praticiens, ne sauraient réussir un vêtement sans avoir recours à l'essayage.

Le jeune tailleur doit donc se mettre en garde contre ces brillantes théories que l'on expose chaque jour à ses yeux, et croire, malgré leurs annonces pompeuses, qu'elles ne sont pas plus parfaites que les autres, et qu'elles ne peuvent servir comme toujours qu'à donner un point de départ et à tracer des vêtements qui sont des dessins parfaits, il est vrai, mais de réussite bien difficile.

Aussi, à quoi sert aux méthodistes de se donner tant de mal pour arriver au même but que les autres? Pourquoi ne pas simplifier leurs combinaisons, plutôt que de les surcharger de lignes inutiles? Pourquoi enfin ne pas se contenter d'aider la coupe dans sa marche lente, plutôt que d'arrêter ses aspirations par des assemblages de lignes, qui ne peuvent que paralyser ses moyens d'action en l'éloignant de son but?

Toutes les méthodes (et il y en a beaucoup) ont voulu faire de l'art et n'ont fait que de la routine en se copiant les unes les autres (à quelques modifications près); toutes ont voulu se poser comme les régénératrices de la coupe et n'ont fait que d'entraver sa marche par des combinaisons exotiques à sa nature, en voulant en faire une science artistique, inapplicable à cause de sa régularité mathématique, qui ne peut se plier aux exigences du corps, qui n'a rien de régulier dans sa construction, ainsi que chacun le sait. Aussi, tout en rendant hommage aux brillantes combinaisons de chacune de ces œuvres, nous regrettons vivement qu'elles ne puissent selon la pensée de leurs auteurs, accomplir la perfection, que chacune d'elles s'était promise en se montrant au jour; mais nous devons le dire, leur travail artistique en a été jusqu'à présent le seul empêchement.

Dans la combinaison de la coupe, nous devons employer les moyens les plus simples comme étant toujours les meilleurs; et sur ce point, tous les tailleurs qui ont une parfaite connaissance de la coupe, sont de notre avis; car, simplifier la coupe, disent-ils, est le succès le plus certain de son opération, et c'est ce que nous avons fait dans le travail que nous livrons aujourd'hui au public; nous avons dépouillé notre méthode de toutes ces lignes, si contraires à la réussite; en un mot, nous l'avons rendue aussi simple que possible, c'est-à-dire que nous lui avons laissé juste les points indispensables au tracé; et afin de l'expérimenter plus facilement, nous avons divisé le dos, le corsage, le gilet et le pantalon, en trois plans gradués chacun; de cette manière le jeune tailleur pourra sans le secours du maître, tracer avec le même succès le vêtement, ou la partie du vêtement qu'il désirera avoir, en étudiant seulement avec attention la description de chacun de ces plans, qui est de la plus grande simplicité dans son exposé.

Nous avons repoussé l'art qui s'applique si mal avec la coupe naturelle, et nous avons préféré donner un travail utile et simple à la portée de tout le monde, plutôt qu'un travail artistique, qui demande des études préparatoires auxquelles le tailleur ne peut se livrer sans nuire à ses intérêts.

Notre coupe s'exécute au moyen de quelques lignes seulement; l'emmanchure bien à sa place, ne gêne pas, et n'a jamais de refoulement; le bas de la taille touche toujours gracieusement la cambrure quelle que soit la tenue; et si, comme à toutes les méthodes, il se trouve un défaut, ce n'est qu'un petit crochet qui se manifeste sur la pointe du côté et par contre sur celle de l'épaulette; retouche légère et facile à corriger à l'essayage; pour mieux dire, cela n'est point un défaut, car, quelle que soit la coupe, et malgré sa sûreté d'exécution, elle subit toujours la même opération.

Chacune de nos leçons est précédée d'un article critique, philosophique ou satirique ; nous avons voulu donner tout à la fois une instruction sérieuse et amusante au jeune tailleur, qui peut développer sa pensée, sa croyance et son intelligence par une marche simple, facile et graduée; en un mot, nous avons voulu être son guide, son ami, plutôt qu'un professeur rigide et trop souvent personnel dans son enseignement; heureux si nous avons pu le satisfaire dans sa marche ascendante, ce sera pour nous la plus douce récompense de notre travail.

FIN.

TABLE

Pages.

TROISIÈME PARTIE.

VERSAILLES. — IMPRIMERIE CERF, 59, RUE DU PLESSIS.

www.ingramcontent.com/pod-product-compliance
Ingram Content Group UK Ltd.
Pitfield, Milton Keynes, MK11 3LW, UK
UKHW022058260726
13993UKWH00001B/186